플랜트 설계용
AutoCAD P&ID
Plant 3D 입문 실습

플랜트 설계용

AutoCAD P&ID
Plant 3D 입문 실습

플랜트 산업의 다양한 설계 요소들을 포함한 솔루션

이진호 지음

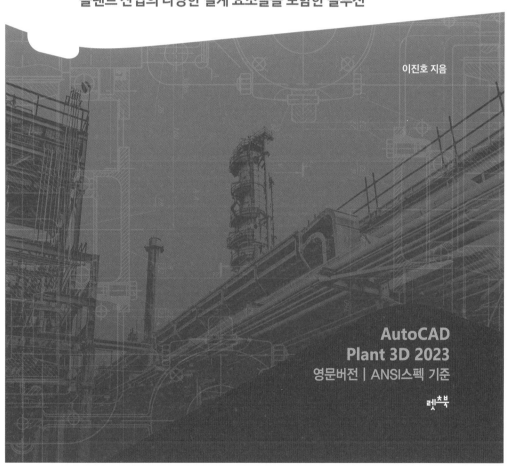

AutoCAD
Plant 3D 2023
영문버전 | ANSI스펙 기준

렛츠북

한국생산성본부의 최신 통계자료를 기준으로 볼 때 대한민국 전 산업의 시간당 노동생산성은 41.9달러로 OECD 국가 중에서 29위이며, OECD 국가 평균치의 75% 수준이다. 취업자당 노동생산성은 79,737달러로 OECD 국가 중에서 22위에 해당하며, OECD 국가 평균치의 87.8% 수준이다. 또한 1인당 연간 노동시간은 1,904시간으로 OECD 국가 중 네 번째로 많은 노동시간이다. 긴 노동시간으로 취업자당 노동생산성 순위는 높지만, 시간당 노동생산성은 상대적으로 낮은 것이다.

노동생산성을 제조업과 서비스업으로 구분하여 살펴보면 제조업의 취업자당 노동생산성은 OECD 국가 중 6위에 해당하지만, 서비스업의 취업자당 노동생산성은 25위로 하위권에 속한다. 다시 서비스업을 세분류로 나누면 유통, 운수, 음식·숙박업은 31위로 매우 낮은 반면, 엔지니어링 서비스업을 포함하는 전문과학관리지원 서비스업의 취업자당 노동생산성은 OECD 국가 중 11위로 꽤 높은 수준이다.

엔지니어링산업은 공학시스템 기획, 설계, 프로젝트관리, 구매, 조달, 운영 및 유지 등과 관련된 모든 엔지니어링 활동을 수반하고 있다. 「엔지니어링산업 진흥법」에 의하면 엔지니어링산업은 고부가가치의 창의적 기술과 축적된 경험이 산업 경쟁력의 핵심으로 타업종에 미치는 전방연쇄효과가 높다. 건설, 플랜트, 제조 등 전 산업의 경쟁력 향상과 동시에 고용유발효과도 높은 산업이다.

전 세계적으로 엔지니어링산업은 디지털화가 가속되고 있으며, 디지털화에 따른 데이터베이스 축적과 활용이 높아지고 있다. 디지털 기술을 이용한 디지털 엔지니어링은 개념설계, 기본설계, 시공 및 프로젝트 관리 분야에서의 생산성과 경쟁력 향상을 위해 반드시 갖추어야 할 요소이며, 노동생산성 관점에서도 매우 중요하다. 디지털 엔지니어링을 도입하고 발전시켜서 노동생산성을 높이고, IT산업과의 융합을 통한 관련 산업 발전에 기여하는 등 여러 가지로 긍정적인 효과가 나타나기를 기대한다.

디지털 엔지니어링은 전통적인 엔지니어의 기술과 지식을 대체하는 것이 아니라 디지털 기술로 인해 오히려 엔지니어의 전문성과 지식은 훨씬 정확하고 신속한 산출물을 생산할 수 있게 될 것이다. 따라서 전통방식으로 소비되던 많은 시간과 노동력은 디지털화로 대체되고, 엔지니어는 고도화된 엔지니어링에 집중하면서 수준 높은 엔지니어링 기술이 안전, 품질, 생산성으로 이어지는 선순환 구조로 이어질 수 있다.

하지만 모든 변화와 발전 및 개선으로 가는 길에는 직간접적으로 많은 방해 요소가 도사리고 있다. 전통적인 엔지니어는 절대적으로 부족하고, 엔지니어링산업으로 유입되는 젊은 지원자도 부족하며, 불합리하거나 주먹구구식의 디지털 엔지니어링 프로세스 적용으로 인한 시간과 비용 낭비, 산업계 대다수를 차지하고 있는 중소 엔지니어링 협력업체의 영세성 등이 그것이다.

EPC 프로젝트에서 디지털 엔지니어링의 가장 기본인 3D BIM 기반 설계는 많은 난관에도 불구하고 매우 광범위하게 확산되고 있지만 앞에서 언급한 여러 가지 방해 요소의 문제는 지속적으로 제거해나가야 한다. 3D BIM 도입을 위한 정당한 시간과 비용 투자, 전문 엔지니어와 3D 모델러의 별도 작업, 카탈로그/스펙 및 설계 지침에 대한 3D BIM 표준화 작업 등이 그것이다. 모든 분야가 단계적으로 발전하는 것처럼 한 번의 개혁으로 모든 문제가 일거에 해결될 수는 없다.

플랜트 설계 분야에서의 오랜 경험, 많은 국내외 엔지니어들의 의견, 그리고 글로벌 다국적 회사에서 쌓은 지식 등을 바탕으로 발간되는『플랜트 설계용 AutoCAD P&ID Plant 3D 입문 실습』개정판은 국내 플랜트 엔지니어들에게 매우 유용한 지침서가 될 것이라고 확신한다. 최초 발간된 한글 교재는 빠른 기간 내에 판매가 완료되었으며, 온라인 매체와 사용자 카페를 통한 추가적인 실습자료 제공 및 피드백 등으로 인해 초급 사용자들이 조금이라도 쉽고 빠르게 디지털 엔지니어링에 진입할 수 있도록 기여를 하였다.

전국의 산업단지에서 회사 또는 프로젝트를 위해 일하느라 바쁜 엔지니어들이 이번 한글 교재 개정판과 온라인 교육, 사용자 카페 등을 잘 활용하여 플랜트 엔지니어링 서비스 산업의 노동생산성을 높이고, 특히 엔지니어 개개인의 전문성과 역량을 향상시키는 데 조금이나마 기여할 수 있기를 기대한다.

2023년 1월 1일
전 한국생산성본부 교육사업본부장 김찬희

머리말

　2020년 5월 AutoCAD P&ID Plant 3D 한글 교재가 처음 세상에 나왔습니다. 처음에는 '한글 교재를 만들겠다'라는 의욕만 가지고 덤벼들었다가 시간만 가고 소득은 없었습니다. 새로운 각오로 원고를 완성하고 출판사의 1차 교정을 받았을 때, 부족한 부분이 너무 많았다는 것에 놀랐습니다. 두 차례의 교정을 통하여, 조판이라는 과정에서 서적의 윤곽이 잡혀갔습니다.

　일반 서적과 달리 컴퓨터 기술 서적은 그림이 많고, 한글과 영문이 혼합된 기술적 용어도 많습니다. 때문에 작업하던 편집자도 많은 고생을 하였습니다. 드디어 책이 출판되었을 때, 안도감보다는 첫날부터 보이는 실수의 흔적 때문에 교재를 구매할 고객들에게 미안한 감정부터 생기기 시작했습니다. 다행히 교재를 구매하여 공부하시는 분들이 늘어나고, 사용자 카페에서 많은 실수와 오류를 질타하기보다는 꼼꼼히 지적해주시는 분들이 많았습니다. 오히려 한글 교재를 출판해주어서 감사하다는 표현으로 저를 위로해주었습니다.

　플랜트 설계 시장이 매우 좁은 분야이고 다양하게 세분되어있어서, 출판된 교재가 모두 판매될 것이라고는 전혀 기대하지 않았습니다. 단지, 새로운 도전을 마친 것과 사용자 카페를 통하여 여러 엔지니어분과 소통을 하게 된 것이 모든 것에 대한 보상이라 생각했습니다. 어느 날, 출판사에서 재고가 소진되고 있으니 2쇄 인쇄를 하겠냐는 연락을 받고, 놀라움과 동시에 두 가지 걱정이 생겼습니다. 새로운 소프트웨어 버전에 맞추어 교재를 집필하려면 다시 시간과 노력을 기울여야 한다는 것과 고객의 높아진 실력과 안목에 맞게 책의 수준을 높이는 것은 물론이고 이전의 실수와 오류를 되풀이하면 안 된다는 것이었습니다.

　사용자 카페를 통하여 한글 교재 구매를 희망하시는 엔지니어가 많아지면서, 걱정보다는 이 교재가 AutoCAD P&ID와 Plant 3D를 공부하고자 하는 분들에게 조금이라도 도움이 될 것이라는 동기부여가 훨씬 커다랗게 다가왔습니다. 첫 번째 교재에서의 실수를 줄이고, 새로운 버전에 맞도록 소프트웨어의 화면 사진과 설명 부분을 일치시키고 여러 번 재현하는 과정을 거쳐『플랜트 설계용 AutoCAD P&ID Plant 3D 입문 실습』개정판이 완성되었습니다.

이 교재를 매개체로 온·오프라인 교육을 수강하는 학생 및 엔지니어와의 소통이 활발해지고 사용자 카페에서 많은 질문과 의견이 더욱 오고 가기를 기대합니다. 많은 분들의 조언과 소통으로 우리 엔지니어들은 함께 발전할 것을 기대하는 마음으로 머리말을 올립니다.

2023년 1월 1일

이진호 올림

☑ 일러두기

실습 프로젝트 다운로드 방법은 '부록 2 프로젝트 실습을 위한 정보(407p)'를 참고하시기 바랍니다.

목차

제3장

AutoCAD Plant 3D

제1장

AutoCAD P&ID와 Plant 3D 사용자 인터페이스

AutoCAD Plant 3D는 AutoCAD와 AutoCAD P&ID를 포함하고 있으며, AutoCAD를 기본으로 개발된 응용소프트웨어로서 AutoCAD의 환경을 그대로 사용하여 플랜트 설계에 적합한 기능을 추가한 응용소프트웨어입니다.

이 장에서는, AutoCAD P&ID와 Plant 3D의 전반적인 환경과 사용자 인터페이스에 대하여 알아봅니다. Project Manager에서 프로젝트의 폴더, 도면과 모델의 구성 방법 등을 확인합니다. 프로젝트 도면과 모델을 쉽게 검색할 수 있고, 도면에 대한 설정, 프로젝트 환경 설정, 데이터 내보내기와 불러오기, 프로젝트 보고서 생성과 같은 작업이 이루어집니다.

또한 AutoCAD Plant 3D 명령어가 표준 AutoCAD 사용자 인터페이스 안에 어떻게 통합되어있는지 배우게 됩니다. AutoCAD Plant 3D는 AutoCAD를 기반으로 개발되었기 때문에 AutoCAD 명령어를 기본으로 사용합니다. AutoCAD Plant 3D 기능을 구현하기 위한 리본 메뉴, 프로젝트관리자, 도구 팔레트와 오른쪽 마우스 클릭을 통한 팝업 메뉴, 종류별 파트가 가지는 플랜트 속성 정보가 추가되어있습니다. 상태 막대(Status Bar)의 작업공간(Workspace)을 클릭하여 P&ID 또는 Plant 3D 작업 공간으로 변경하면 해당하는 메뉴·세트로 환경 설정되어 각각 사용할 수 있습니다. 아래 그림은 Plant 3D 작업 공간에서 3D 모델링 인터페이스를 보여주고 있습니다.

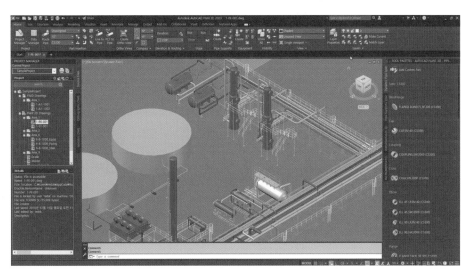

AutoCAD Plant 3D 사용자 인터페이스

■ **학습 목표**

- AutoCAD Plant 3D의 프로젝트 구성 이해하기

- Project Manager의 폴더, 도면, 모델 및 파일 관리하기

- Project Manager의 다양한 탭과 버튼의 사용법 이해하기

- Data Manager의 활용법 이해하기

그림 1-1은 3D 모델을 생성하기 위한 필수 인풋 정보와 3D 모델이 생성된 후 추출되는 산출물의 흐름도를 보여주고 있습니다.

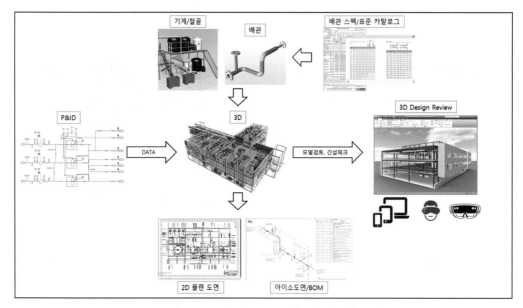

그림 1-1. AutoCAD Plant 3D 프로젝트 작업 프로세스

AutoCAD Plant 3D 프로젝트

AutoCAD P&ID와 AutoCAD Plant 3D에서는 도면과 데이터를 프로젝트 단위로 관리하고, 다양한 변수와 환경 설정도 프로젝트 단위로 구성합니다. 따라서 모든 모델과 도면의 개별 작업을 할 때, 프로젝트 환경 내에서 모든 작업을 해야 합니다. 이렇게 해야 프로젝트 안에서 구성요소 간의 정보와 데이터의 일관성을 유지하게 됩니다. AutoCAD 대신에 AutoCAD Plant 3D를 사용하는 주된 이유 중의 하나는 단순히 독립적인 도면 파일을 생성하는 것이 아니라, 프로젝트 설정 정보와 데이터를 이용하여 도면과 모델을 생성하고, 각 파트가 프로젝트 정보와 연관되어 설계 정보가 생성되기 때문입니다.

◈ Plant 3D 프로젝트 구성요소

프로젝트의 구성요소로 사용되는 파일은 다음과 같습니다.

- P&ID 도면(Piping & Instrument Diagram)
- 3D 모델 도면
- Orthographic 도면(직교 도면, 2D 플랜 도면)
- Isometric 도면(등각 도면, 배관아이소 도면)

일반적인 프로젝트의 일부로 사용되는 부가적 데이터는 다음과 같습니다.

- 공정 설계 정보(Process Information)
- 배관 카탈로그와 스펙(Catalogue & Specification)
- 기계장치와 계장 데이터 시트(Data Sheets)
- 기계장치 제작도면 또는 3D 모델(Equipment Vendor Drawing or Equipment 3D Model)

◈ 프로젝트, 폴더 및 도면

프로젝트 내에서 전체 프로젝트, 폴더
및 도면에 대한 설정 및 명령을 수행할
수 있습니다. 해당 항목을 오른쪽 마우
스 클릭하면, 가용한 설정 및 명령어가
나타납니다. 프로젝트 이름을 오른쪽 마
우스 클릭하여, Project Setup을 클릭하
면 프로젝트 전체에 영향을 미치는 다양
한 설정과 정보를 확인하고 수정할 수
있습니다.

그림 1-2. 프로젝트 폴더

프로젝트 생성 시 'P&ID Drawings',
'Plant 3D Drawings', 'Pipe Specs'와
'Related Files' 폴더는 자동으로 생성됩니
다. 사용자는 이 폴더 아래에 오른쪽 마
우스 클릭으로 하위 폴더를 만들고, 도
면과 모델 파일을 만들 수 있습니다.

그림 1-3. 하위 폴더 및 파일

하위 폴더 밑에, 도면 파일, 모델 파일, 스펙 파일, 또는 프로젝트 관련 파일들을 만들거나 복사하여 사용합니다. 해당 파일을 오른쪽 마우스 클릭하여 'Open'을 클릭하여 엽니다. 또는 파일 이름을 더블 클릭하여 열 수도 있습니다.

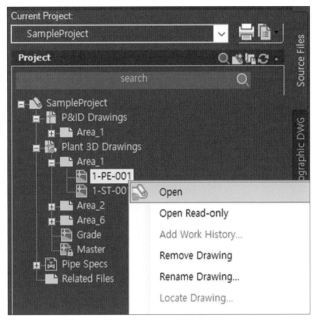

그림 1-4. 파일 열기

◈ 프로젝트 구성

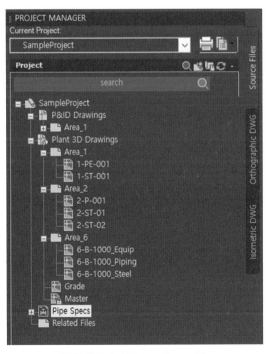

그림 1-5. Project Manager Source File

프로젝트에서 사용되는 데이터는 기본 제공되는 폴더의 시스템 안에서 구성됩니다. 본 교재에서는 단일 사용자가 자신의 컴퓨터에 프로젝트를 생성하여, 작업하는 방법에 대해 설명합니다.

Project Manager는 프로젝트 폴더와 도면에 대한 '트리뷰' 구조를 보여줍니다. Sources Files 탭에서 보이는 파일은 P&ID 도면과 3D 모델 파일입니다(그림 1-5).

P&ID Drawings, Plant 3D Drawings와 Related Files 폴더는 그대로 사용되거나,

하부에 도면 또는 하위 폴더를 보유할 수 있습니다. 트리뷰 안에서 도면, 폴더, 파일들은 필요에 따라서 일반적인 드래그 앤 드롭 기능 등을 사용하여 이동할 수 있습니다. 배관 스펙(Pipe Specs) 폴더에서 프로젝트에 설정되어있는 배관 스펙의 종류와 아이템을 확인할 수 있습니다.

Plant 3D 모델에서 생성하는 Orthographic 도면 파일은 Project Manager의 'Orthographic DWG' 탭에서 폴더, 파일 및 뷰의 구조로 관리합니다(그림 1-6).

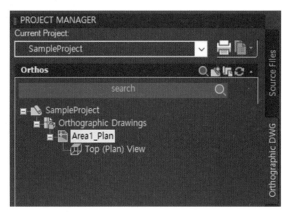

그림 1-6. Project Manager, Orthographic DWG

Plant 3D 배관 모델에서 생성하는 Isometric 도면은 Project Manager의 'Isometric DWG' 탭에서 사용된 Isometric 폴더에 맞추어 도면이 관리됩니다.

그림 1-7은 'Check_ANSI-B'를 포함한 6개의 아이소 스타일이 현재 프로젝트에 설정되어있음을 보여줍니다.

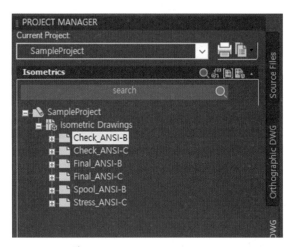

그림 1-7. Project Manager, Isometric DWG

Project Manager에서 관리되는 모든 폴더와 파일은 그림 1-8과 같이 파일탐색기에서 확인할 수 있습니다. 그러나 파일탐색기에서 직접 파일과 폴더를 이동하거나 이름 바꾸기 등의 작업을 하는 것은 프로젝트의 데이터베이스에 손상을 주게 됩니다.

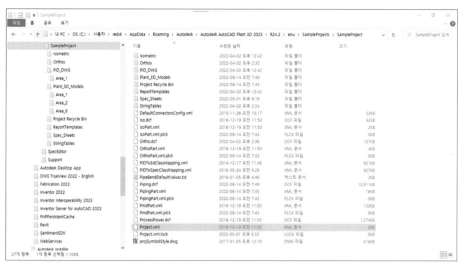

그림 1-8. 윈도우 파일탐색기의 Plant 3D 프로젝트 폴더와 파일 구조

Project Manager 프로젝트 관리자

Project Manager에서는 프로젝트 전반에 걸친 설정과 데이터, 프로젝트 내에서의 개별 데이터 구성요소에 대한 접속 및 설정을 할 수 있습니다.

◈ Current Project

Project Manager 상자에서 현재의 프로젝트가 표시됩니다. 현재 프로젝트 칸을 클릭하여 다른 프로젝트를 열거나 새로운 프로젝트를 생성할 수 있습니다. 프로젝트 이름에 마우스 커서를 올리면 프로젝트의 실제 위치에 대한 정보가 그림 1-9와 같이 표시됩니다.

그림 1-9. Project Manager 창에서 Current Project 확인

그림 1-10과 같이 Current Project 칸을 클릭하고 Open을 클릭하여, 다른 프로젝트를 열 수 있습니다.

'Open Collaboration Project'와 'Open From Vault'는 Plant 3D 프로젝트를 Autodesk Cloud 서버에 구성하거나, Autodesk Vault 시스템에 구축하였을 경우 사용됩니다.

그림 1-10. 다른 프로젝트 열기

Details / Preview / History Panel

Project Manager 아래의 하위패널은 프로젝트 패널에서 선택된 폴더와 파일에 대한 정보를 제공합니다. 이 패널에는 Drawing Details, Drawing Preview, Drawing History 버튼이 있습니다.

■ Details(그림 1-11): 선택된 도면, 파일, 폴더에 대한 기본적인 정보를 보여줍니다.

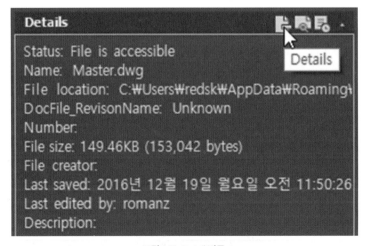

그림 1-11. Detail 버튼

▪ Preview(그림 1-12): 선택된 파일의 미리보기(썸네일)를 보여줍니다. 만약 미리보기가 보이지 않을 경우, 해당 파일을 오픈하여 최소한 1번은 저장을 해야 합니다.

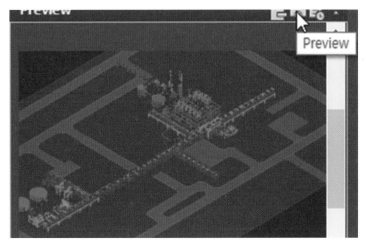

그림 1-12. Preview 버튼

▪ History(그림 1-13): 도면의 작업 이력 및 상태를 관리할 수 있습니다. 상태는 Issued for Construction 과 같은 정보를 입력하여 사용할 수 있습니다.

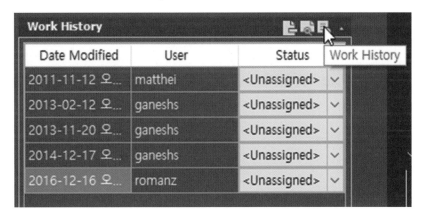

그림 1-13. History 버튼

데이터 관리자 Data Manager

P&ID 또는 3D 모델에 아이템을 추가할 때, 도면에 심볼 또는 형상을 표시하면서 동시에 다양한 설계 관련 속성 정보가 입력됩니다. 사용자가 입력하는 Tag Number와 같은 정보, 심볼 및 형상과 관련된 수치와 좌표 정보, 카탈로그 등에서 자동으로 입력되는 정보가 있습니다. Data Manager는 프로젝트 데이터를 보여주는 화면입니다. 복잡한 데이터베이스 구조를 사용자가 용이하게 보고 활용할 수 있습니다. 데이터를 검색하고 보고서를 생성하고 프로젝트 데이터로부터 엑셀로 내보내거나 불러오기 위하여 Data Manager를 사용합니다. Data Manager를 이용하여 아이템의 정보나 데이터를 변경할 수도 있습니다. Data Manager는 다음과 같이 3가지 방식으로 필터링을 통해 정보를 활용할 수 있습니다.

- 현재 도면 데이터(Current Drawing Data)

- 전체 프로젝트 데이터(Plant 3D Project Data)

- 프로젝트 보고서(Project Reports)

그림 1-14. Data Manager

Data Manager는 다음과 같은 방법으로 열 수 있습니다.

- Home 탭 → Project 패널 → Data Manager

- Project Manager → Report 버튼 → Data Manager

- Project Manager → Project 이름 오른쪽 마우스 → Data Manager

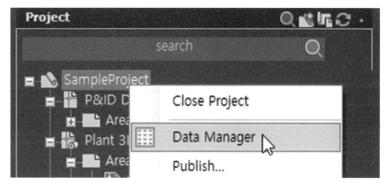

그림 1-15. Data Manager 열기 3가지 방법

이번 실습에서는 프로젝트 환경을 연습합니다.

1. AutoCAD Plant 3D 2023을 시작합니다.

2. Project Manager의 Current Project 우측의 드롭다운 버튼을 클릭하여 Open을 클릭합니다.

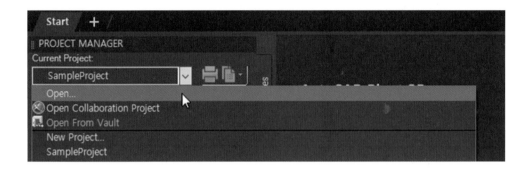

3. 'C:₩Plant Design₩Lesson01' 폴더에서 'Project.xml' 파일을 선택하고 열기를 누릅니다.

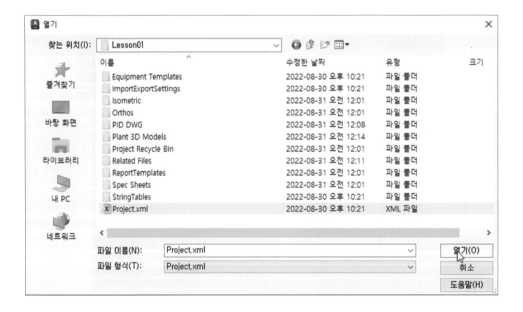

4. Source Files 탭 안에서 P&ID Drawings 폴더를 확장하고, PID001을 선택합니다.

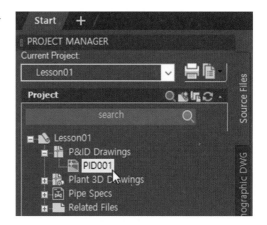

5. Project Manager 하위의 Details 영역에서 PID001 도면의 세부사항을 확인합니다.

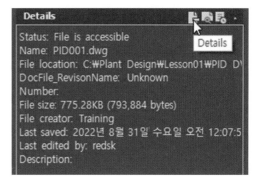

6. Preview 버튼을 클릭하여 도면의 썸네일을 확인합니다.

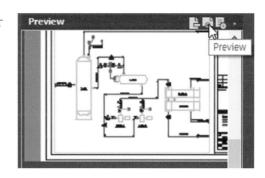

7. History 버튼을 클릭하면 도면의 이력을 볼 수 있습니다.

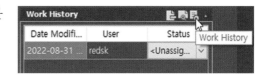

8. Project Manager의 오른쪽 Orthographic DWG 탭을 클릭하여 2D 도면 상태를 확인합니다.

9. Isometric DWG 탭을 클릭하여 Isometric 도면의 폴더 구조를 확인합니다.

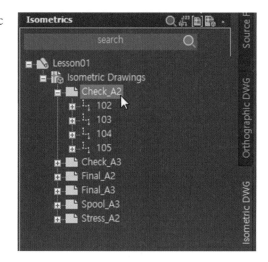

10. Project Manager 안에서 Lesson01을 오른쪽 마우스 클릭하여 Project Setup을 클릭합니다.

11. Project Setup 대화상자 안에서 프로젝트에 사용 가능한 설정 및 옵션의 세부내용을 살펴봅니다. 여러 가지 폴더를 클릭하여, 다양한 옵션과 정보를 확인 후 취소(Cancel)를 클릭합니다.

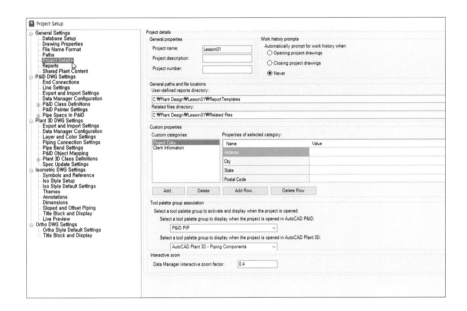

12. Project Manager 안에서 Lesson01을 오른쪽 마우스 클릭하여 Validation Settings를 클릭합니다.

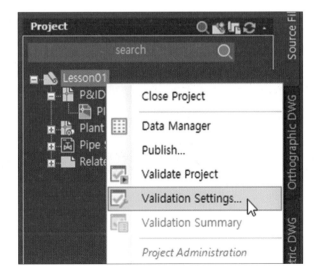

13. P&ID Validation Settings 창에서 몇 개의 Error reporting 조건을 선택하고 아래의 Descriptions 내용을 확인합니다. 취소하여 P&ID Validation Settings 창을 닫습니다.

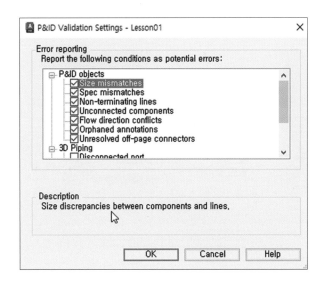

14. Project Manager 상단의 Reports 버튼을 클릭한 후, Data Manager를 클릭합니다. 도면의 데이터베이스 정보를 볼 수 있습니다. Data Manager의 데이터를 확인한 후에, Data Manager 를 닫습니다.

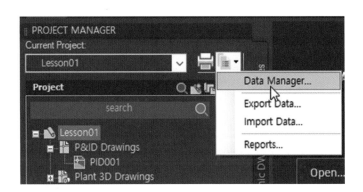

15. Project Manager 상단의 Reports 버튼을 클릭한 후, Export Data를 클릭합니다.

16. Export Report Data 창에서 엑셀 파일로 저장할 수 있는 Reports 종류를 확인합니다.
Export Report Data 창을 닫습니다.

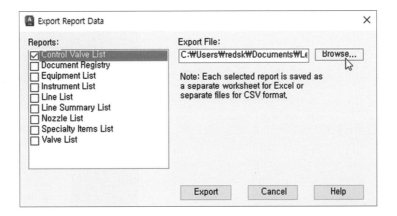

17. Project Manager 상단의 Reports를 클릭한
후, Reports를 클릭합니다.

18. Data Manager 창이 나타나면, Equipment List를 선택합니다. Equipment List Report를 확인합니다.

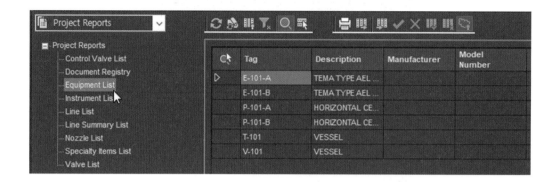

19. Data Manager의 우측 상단 'x'를 클릭하여 창을 닫습니다.

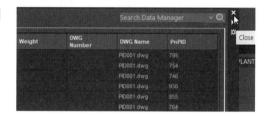

20. Project Manager에서 Source Files 탭을 선택합니다.

21. Plant 3D Drawings 폴더 앞의 '+'를 클릭하여 폴더를 확장하고 Structures 파일을 오른쪽 마우스 클릭 후 Properties를 클릭합니다.

플랜트 설계용 AutoCAD P&ID Plant 3D 입문 실습

22. Drawing Properties 창에서 모델 파일에 추가 정보를 입력할 수 있습니다. Drawing Properties 창을 닫습니다.

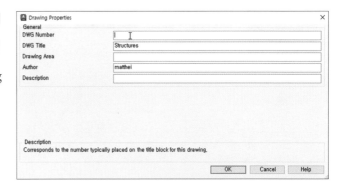

23. Structures 파일을 오른쪽 마우스 클릭 후 Data Manager를 선택합니다.

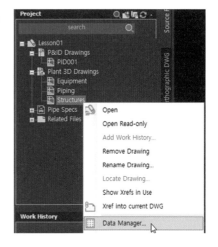

24. Data Manager 창이 표시됩니다. Structure 파일의 데이터만을 필터링하여 보여주는 방법입니다.

25. Data Manager 창을 닫습니다.

■ 학습목표

- AutoCAD P&ID와 AutoCAD Plant 3D에서 도면과 모델 파일을 관리하는 방법 이해하기
- AutoCAD Plant 3D에서 도면과 모델 파일 열기

프로젝트 파일 열기

AutoCAD Plant 3D에서 파일을 여는 방법은 여러 가지가 있습니다. 도면과 모델 파일을 여는 방법은 여러 가지가 있지만, 가장 좋은 방법은 Project Manager를 통하여 파일을 여는 것입니다. 프로젝트와 Project Manager가 제공하는 기능과 데이터베이스를 정확히 활용하려면, Project Manager에서 파일을 여는 방법을 사용하는 것이 필수입니다.

◈ 도면과 모델 파일 열기

Project Manager에서 프로젝트 도면과 모델 파일을 다음과 같은 방법으로 열 수 있습니다.

- 오른쪽 마우스 클릭, 메뉴 이용
- 파일 이름을 더블클릭

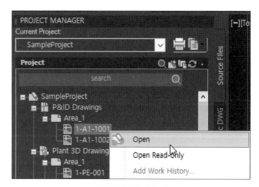

그림 2-1. 도면 열기

◈ 파일 잠금 아이콘

Project Manager에서 도면은 자신들의 상태를 나타내기 위해 잠금 아이콘으로 표시합니다. 그림 2-2에서 1-PE-001 모델 파일의 'Lock(잠금)' 아이콘은 현재 이 파일이 열려있다는 것을 의미합니다. 수정을 완료하고 저장 후 파일을 닫으면 'Lock(잠금)' 아이콘은 사라지고, 다시 열 수 있습니다.

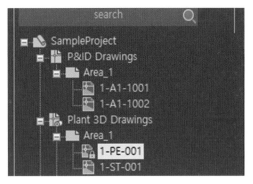

그림 2-2. 도면 파일 잠김

☑ TIP

· AutoCAD P&ID 또는 Plant 3D 대부분의 명령어와 메뉴를 활성화하여 사용하기 위해서, 최소한 하나의 도면을 열어놓아야 합니다.

· 제1과부터 제4과까지 실습 프로젝트는 'Lesson01' 프로젝트를 동일하게 사용하여 실습합니다.

· P&ID 작업을 할 때와 Plant 3D 모델링 작업을 할 때, Workspace(작업공간) 설정 변경하는 것을 필히 기억해야 합니다.

이번 실습에서는 Plant 3D에서 도면과 파일 여는 법을 연습합니다.

1. AutoCAD Plant 3D 2023을 시작합니다.

2. 실습 프로젝트 Lesson01을 열기 위해 다음과 같이 합니다.

- Project Manager에서 Current Project 리스트에서 Open을 클릭합니다.
- 'C:\Plant Design\Lesson01' 폴더에서 Project.xml 파일을 선택하고 열기를 누릅니다.

3. PID001 도면을 오른쪽 마우스 클릭 후 Open을 선택합니다.

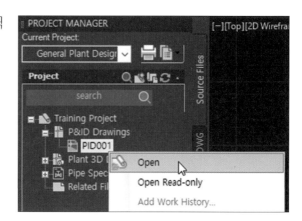

4. AutoCAD Plant 3D를 끝내지 않고 PID001 도면을 닫으려면, PID001 도면 화면에서 닫기를 클릭합니다. 도면이 닫히고 시작 화면으로 돌아갑니다.

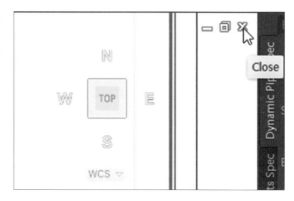

5. Project Manager에서 도면 이름을 더블클릭하여 도면을 열 수 있습니다. Plant 3D Drawing 의 Equipment 도면을 더블클릭합니다.

6. 여러 개의 도면을 열고 작업을 할 수 있습니다. Equipment 도면이 열려있는 상태에서 Project Manager 창의 Structures 도면을 더블클릭합니다. Equipment 도면과 Structure 도면이 동시에 열려있는 것을 확인할 수 있습니다.

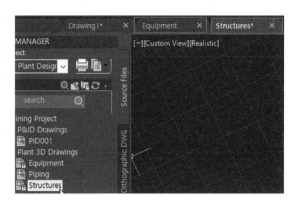

7. AutoCAD Plant 3D에서 도면을 닫는 방법은 Plant 3D 응용 프로그램의 왼쪽 상단 모서리에 있는 응용 프로그램 메뉴를 사용하는 것입니다. 현재 도면을 닫을 수 있거나 전체 도면을 한꺼번에 닫을 수 있습니다.

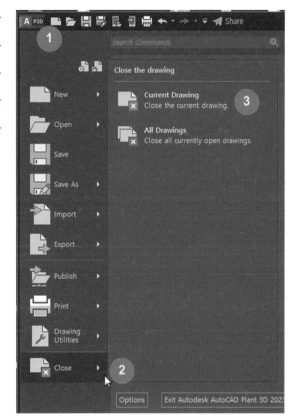

사용자 인터페이스 이해하기

■ 학습목표

- Workspace(작업공간) 변경하기

- Tool Palettes(도구 팔레트)의 구성을 이해하기

- 속성(Properties) 팔레트에 추가된 데이터 이해하기

- AutoCAD Plant 3D의 온스크린 메뉴 이해하기

Workspaces 작업공간

AutoCAD P&ID와 Plant 3D는 리본 메뉴와 도구 팔레트 구성 세트가 다릅니다. Workspace(작업공간) 버튼을 이용하여 사용하고자 하는 명령어 세트를 설정하여 사용할 수 있습니다.

◈ Workspace 종류

Workspace 버튼은 화면에 배치되는 명령어 세트와 작업 환경 설정을 변경합니다. AutoCAD Plant 3D에서 기본적으로 제공하는 Workspace는 다음과 같습니다.

- 3D Piping
- P&ID PIP
- P&ID ISO
- P&ID ISA
- P&ID DIN
- P&ID JIS-ISO

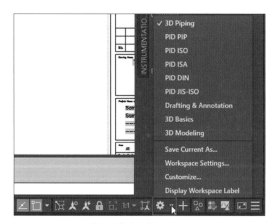

그림 3-1. 작업공간(Workspace)

P&ID Workspace는 5종류가 있으며, 서로 다른 종류의 P&ID 심볼 표준을 갖고 있습니다. 현재 프로젝트의 표준 P&ID 심볼로 설정된 P&ID Workspace를 사용해야 합니다. 본 교재에서는 P&ID PIP 심볼을 표준으로 사용합니다.

리본 메뉴와 패널 메뉴

AutoCAD P&ID와 AutoCAD Plant 3D의 주요 기능은 리본 메뉴에 있습니다. P&ID와 Plant 3D에서 새로운 아이템을 배치하고 편집을 용이하게 하기 위하여, 리본 메뉴의 패널에 배치되어있습니다. 대부분의 이러한 메뉴 패널은 홈 탭에 있습니다. 리본 메뉴와 패널 메뉴는 현재 설정된 작업공간(Workspace)에 따라 다르게 나타납니다.

◈ P&ID Home 탭 메뉴

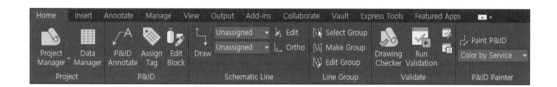

◈ 3D Piping Home 탭 메뉴

◈ Isometric 탭 메뉴

3D Piping Workspace가 활성화되어있을 때, Home 탭에 있는 패널 외에 Isos 탭은 Isometric 도면을 생성할 때 필요한 메뉴들이 있습니다.

Structure 탭 메뉴

Structure 탭은 철골 구조 모델을 생성하고 편집하는 메뉴들이 있습니다.

도구 팔레트 Tool Palettes

AutoCAD P&ID와 AutoCAD Plant 3D의 도구 팔레트는 현재 작업하고 있는 Workspace에 맞는 아이템 심볼을 포함하고 있습니다.

P&ID 도구 팔레트

P&ID 도구 팔레트는 그림 3-2와 같이, Lines, Equipment, Valves, Fittings, Instruments 등 유사한 종류의 탭으로 분류되어있습니다.

3D Piping 도구 팔레트

3D Piping Workspace의 도구 팔레트(그림 3-3)에는 기본적으로 3개의 탭이 있습니다. 모델링할 아이템을 마우스로 클릭하면, 마우스 커서 끝에 아이템 형상이 붙고, 원하는 위치를 클

릭하여 아이템을 배치합니다. Dynamic Pipe Spec 탭의 배관 아이템들은 현재 지정된 배관 스펙을 나타냅니다. 그 외에 계측장비 탭과 배관 서포트 탭이 있습니다.

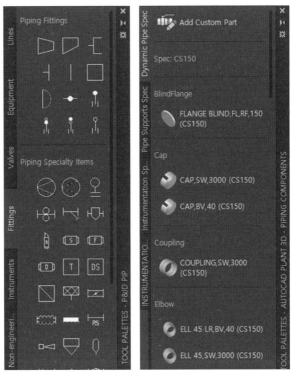

그림 3-2. P&ID PIP Tool Palette   그림 3-3. 3D Piping Tool Palette

현재 지정된 배관 스펙의 의미는 Home 탭의 Part Insertion 패널에 설정된 현재 배관 스펙을 의미합니다. 그림 3-4처럼 CS300이 현재 지정된 배관 스펙이며, 따라서 Tool Palette의 Dynamic Pipe Spec 탭에서 보여지는 스펙은 CS300에 정의된 아이템들입니다.

그림 3-4. 현재 배관 스펙 설정

제1장 AutoCAD P&ID와 Plant 3D 사용자 인터페이스

속성 팔레트 Properties Palette

속성 팔레트는 도면에서 선택한 객체에 대한 속성을 보거나 변경하는 데 유용합니다. 어떤 아이템을 작업할 때 이런 객체에 대한 속성을 보고 수정할 수 있도록 속성 팔레트를 화면에 배치해놓으면 유용하게 활용할 수 있습니다. Properties Palette(속성 팔레트)를 여는 방법은 다음과 같이 여러가지 방법이 있습니다.

- 아이템을 더블클릭
- 아이템을 오른쪽 마우스 클릭 후, Properties 클릭
- 아이템을 선택 후, Ctrl+1을 동시 누름
- 명령어 입력 라인에 CH 입력

AutoCAD Plant 3D는 속성 팔레트에 AutoCAD 속성 정보와 선택된 아이템에 대한 P&ID 또는 Plant 3D 속성 정보를 보여줍니다. 예를 들어 만약 P&ID의 밸브를 선택하면, P&ID 속성이 나타납니다.

만약 3D 배관 도면 작업을 하면서 밸브를 선택한다면, 해당 객체의 3D 속성을 갖고 있는 Plant 3D 섹션이 나타납니다. Plant 3D 속성 목록은 배관 스펙과 부품 도형에 국한하지 않고 3D 모델을 포함한 많은 속성을 포함하고 있습니다(그림 3-5).

그림 3-5. 밸브의 P&ID 속성 정보와 3D 속성 정보 표시

온스크린 도구 On-Screen Tools

다음의 명령어와 옵션들은 도면 창에서 아이템 위에 마우스를 가져가거나 클릭으로 선택할 때 사용할 수 있습니다. 이 옵션들은 도면 유형과 선택된 아이템에 따라 다양한 도구들이 제공됩니다.

◈ 그립 Grips

도면 창에서 한번 클릭으로 아이템을 선택하면 적용 가능한 Grip들이 나타납니다. 이 Grip은 특별한 방식으로 객체를 수정할 수 있게 합니다. 다음의 그림은 AutoCAD Plant 3D에서만 사용 가능한 Grip의 일부이며, 선택한 아이템에 따라 달라질 수 있습니다.

- Move Component
- Continuation grip
- Substitution grip
- Add nozzle
- 기타 다양한 그립

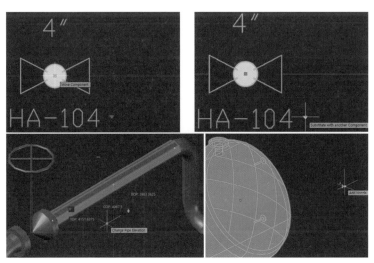

그림 3-6. 그립의 예

◈ 바로가기 메뉴 Shortcut Menus

객체를 오른쪽 마우스 클릭하면 아이템마다 고유의 메뉴가 나타납니다. 이 메뉴는 선택된 객체에 맞는 부가적인 AutoCAD Plant 3D 아이템은 물론, 표준 AutoCAD 아이템까지 사용할 수 있습니다. 이 메뉴들은 선택된 아이템과 도면 유형에 따라 다르고, 해당 아이템은 바로가기 메뉴로 다양하게 사용할 수 있습니다.

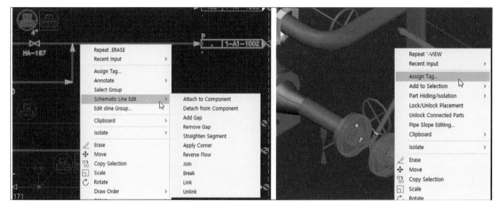

그림 3-7. 바로가기 메뉴의 예

◈ 2D Grid and Snaps

P&ID에서는 항상 표준 그리드와 스냅 사용을 권장합니다. 이것들은 아이템을 서로 연결하고 아이템의 배치를 정확하게 하는 데 필수입니다.

F7, F9, F8은 각각 키보드상의 Function Key를 의미하고, Toggle 버튼입니다. 상태바에서 마우스로 클릭하여 On/Off를 설정할 수 있지만, 해당 Function Key를 눌러서 On/Off를 신속하게 설정할 수 있습니다. 표준 그리드(F7)는 도면 영역에 그리드를 나타내게 하는 설정입니다. 스냅 그리드(F9)는 그리드 격자선에서 마우스의 스냅이 사용되도록 설정합니다. 직교 모드(F8)는 도면 작도와 모델링 시 라우팅이 0도, 90도, 180도와 270도 직교 방향으로만 작업할 수 있도록 설정합니다.

그림 3-8. 상태바에서 Grid·Snap·Ortho Mode 설정하기

◈ 객체 스냅 Object Snaps

객체 스냅 설정은 P&ID와 Plant 3D 모델링할 때 매우 유용합니다. Plant 3D에서 Node와 Nearest 객체 스냅을 기본으로 사용하도록 되어있지만, 모델링 상황에 따라서 객체 스냅의 종류를 사용자가 선택하여 사용할 수 있습니다. 상태바에서 객체 스냅의 종류를 보고 사용할 객체 스냅에 체크마크를 표시합니다.

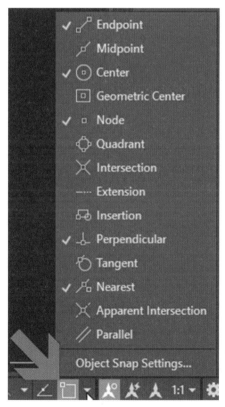

그림 3-9. 객체 스냅(Object Snap) 설정

이번 실습에서는 사용자 인터페이스를 연습합니다.

1. AutoCAD Plant 3D 2023을 시작합니다.

2. 실습 프로젝트 Lesson01을 열기 위해 다음과 같이 합니다.

   ■ Project Manager에서 Current Project 리스트에서 Open을 클릭합니다.

   ■ 'C:₩Plant Design₩Lesson01' 폴더에서 'Project.xml' 파일을 선택하고 열기를 누릅니다.

3. Project Manager에서 PID001 도면을 더블클릭하여 엽니다. 첫 번째 확인할 것은 사용자 도구 팔레트와 리본 메뉴 레이아웃입니다.

4. 현재 Workspace의 설정 상태를 확인하여, Plant 3D로 되어있는 것을 확인합니다.

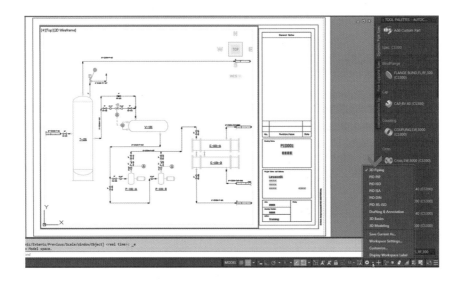

5. 도구 팔레트를 살펴봅니다. AutoCAD Plant 3D에서는 Workspace 설정에 따라서 도구 팔레트와 리본 메뉴가 변경됩니다. 현재 P&ID 도면을 오픈하였지만, Workspace는 3D Piping으로 되어있으므로 도구 팔레트에는 3D 아이템들이 보입니다.

6. 리본 메뉴들을 살펴봅니다. 3D 명령어들이 보입니다.

7. 상태 바에서 Workspace를 클릭하여 P&ID PIP Workspace로
변경합니다.

8. 도구 팔레트와 리본 메뉴가 P&ID관련 내용으로 변경되는
것을 확인할 수 있습니다.

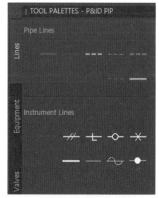

9. 속성 팔레트를 열기 위해, PID001 도면 안에서 그림과 같이 T-101 객체를 더블클릭합니다.

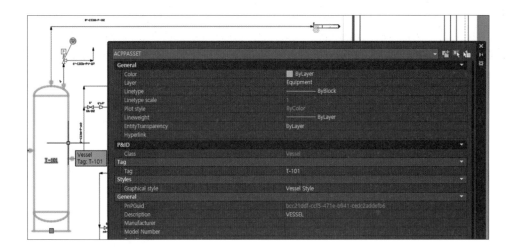

10. 속성 팔레트를 드래그하여 Plant 3D 화면에 고정할 수 있습니다. 속성 팔레트에서 T-101에 대한 정보를 살펴봅니다.

11. 도면 안의 다른 객체를 선택하고, 속성 팔레트 안의 데이터가 선택된 객체의 정보로 변경되는 것을 살펴봅니다. 다른 객체를 선택할 때는, 현재 선택된 객체의 해제를 위하여 키보드의 'Esc' 키를 사용합니다.

12. 이번 실습에서는 도면의 다양한 툴, 그립(Grips), 툴팁(Tooltips), Context Menus, 3D 모델에서의 그립 등을 화면에서 직접 연습해봅니다.

13. 밸브 HA-104를 마우스로 선택합니다. 그립 표시가 나타납니다.

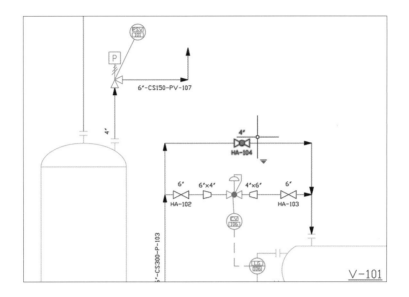

14. 커서를 아래 화살표 그림 위로 가져갑니다. 툴팁이 표시되고, 이 그림을 클릭하면 다른 객체로 교체할 수 있습니다.

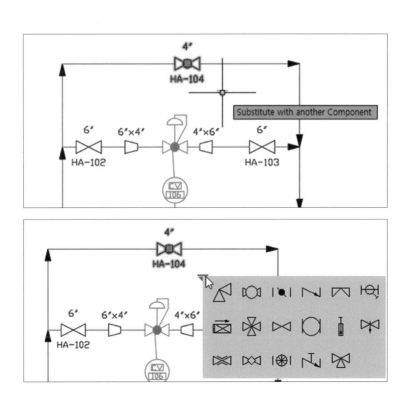

15. 밸브의 이동 그립을 클릭하여 새로운 위치로 이동할 수 있습니다.

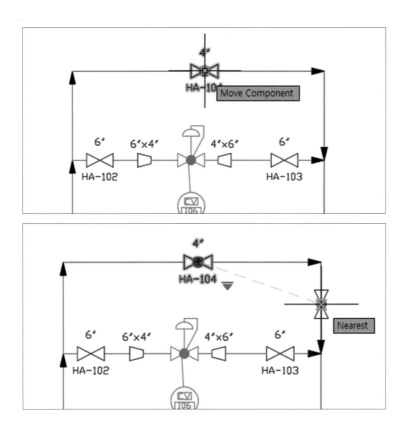

16. 밸브를 선택한 상태에서 오른쪽 마우스 클릭하면 팝업 메뉴가 나타납니다. 명령을 실행하지 않고, 키보드의 Esc를 누릅니다.

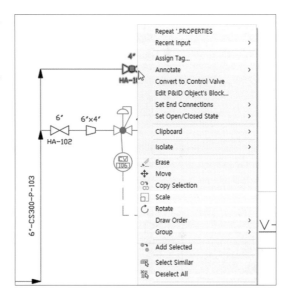

17. 도면의 모든 객체 위로 마우스를 가져가면 해당 객체에 대한 정보를 툴팁으로 표시해줍니다.

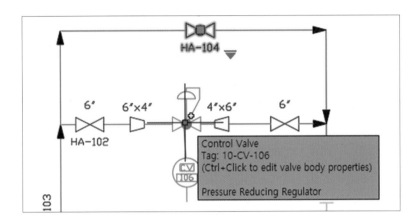

18. Project Manager의 Plant 3D Drawings 폴더 안에서 Piping 모델을 더블클릭하여 엽니다.

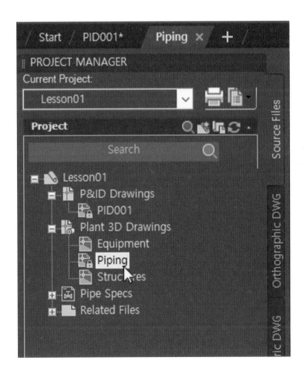

19. 화면 좌측 상단의 View Control 메뉴를 클릭하여 SW Isometric 방향으로 변경합니다.

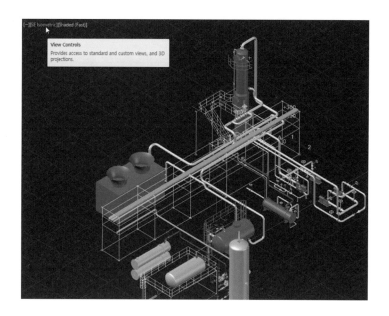

20. 그림과 같이 모델의 우측 베셀 상단의 Pipe 인라인 부분으로 마우스 커서를 이동합니다.
마우스 클릭은 하지 않습니다. 배관라인의 정보를 확인합니다.

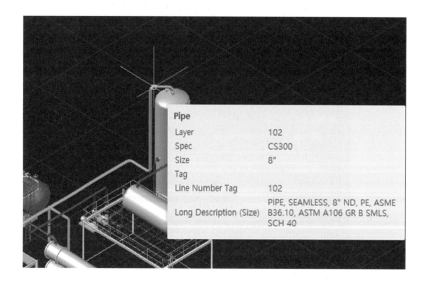

플랜트 설계용 AutoCAD P&ID Plant 3D 입문 실습

21. 마우스 휠을 앞뒤로 굴리면 줌인과 줌아웃이 됩니다. 엘보우 근처로 마우스를 이동하여 줌인 한 후, 엘보우를 왼쪽 마우스 버튼으로 클릭합니다. '+' 그립은 Continue Pipe Routing을 의미하며, '+' 그립을 클릭하고 드래그하여 원하는 길이로 연장하거나, 값을 입력하여 배관 모델을 할 수 있습니다. 완성되면 Enter 키를 누르고 종료합니다.

 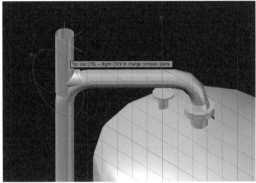

☑ **TIP**

AutoCAD P&ID와 Plant 3D 작업 중간과 종료 시에 저장 버튼을 이용하여 저장하는 것을 권장합니다.

도면층과 색상 관리

■ **학습목표**

- AutoCAD P&ID와 Plant 3D에서 Layer(도면층) 생성과 관리에 대하여 이해하기

- AutoCAD P&ID와 Plant 3D에서 아이템들의 색상 관리에 대하여 이해하기

도면층 Layers

AutoCAD Plant 3D에서 도면층과 색상은 별도로 2개의 방법에 의하여 구성됩니다.

- 2D 도면은 템플릿에서 사전에 정의된 도면층을 사용합니다.
- 3D 모델은 자동화된 계획에 근거하여 설계 과정 동안에 자동으로 도면층을 생성합니다.

도면층 구성과 무관하게, 아이템의 색상을 ByLayer로 설정할 것을 권장합니다. ByLayer로 설정하면 특정한 색상의 객체가 Layer 팔레트의 모든 옵션에 따라 조정되는 것을 포함한 몇 가지 장점을 얻을 수 있습니다.

◈ P&ID 도면의 도면층

P&ID 도면에서 도면층은 다음과 같이 설정되어있습니다. P&ID 도면을 연 상태에서 Layer Properties를 클릭하여 P&ID 도면에 설정되어있는 도면층을 확인할 수 있습니다.

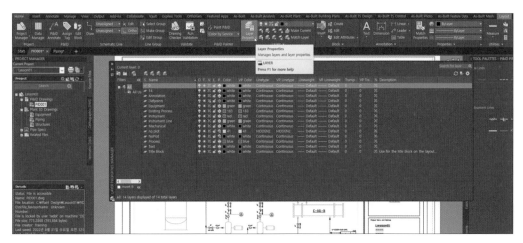

그림 4-1. P&ID Layer(도면층)

이것은 도면상의 여러 객체들이 객체의 전반적인 분류와 관련된 도면층으로 구성됨을 말합니다. 여러 객체들을 분류별로 바로 한눈에 알아볼 수 있도록 색상을 이용하기도 합니다. P&ID상에서 기계장치를 기계장치 도면층에, 배관을 배관 도면층에, 주석을 주석 도면층에, 기타 등으로 구성합니다.

◈ 3D 모델의 도면층

3D 모델 파일에서 모델 내의 여러 아이템을 용이하게 관리할 수 있는 그룹으로 구성하기 위하여 도면층이 사용됩니다. 이렇게 함으로써 설계 과정에서 필요에 따라 모델을 효과적으로 편집할 수 있게 하고 배관, 철골 및 장비와 같은 아이템을 필요에 따라 선택할 수 있게 합니다. 보통 3D에서 설계자가 도면층 관리에 대한 표준은 가지고 있지만, 일반적으로 3D에서의 도면층 구성은 다음과 같습니다.

- 모든 장비는 자신의 도면층을 가지며, 장비 번호로 도면층 이름을 사용합니다.
- 다양한 유형의 철골은 장비와 관련이 되어있지 않은 한, 별도의 도면층을 갖습니다. 기계장치와 관련이 있는 경우, 기계장치에 부속되는 철골이 포함된 기계장치명을 갖는 도면층이 설정됩니다. 예를 들어 'P-100A_Supports 도면층'은 'P-100A'라는 장비에 철골 서포트가 포함된 도면층입니다.
- 배관 아이템의 도면층과 색상은 자동으로 설정할 수 있습니다. 회사 또는 프로젝트 표준에 맞게 자동

으로 배관과 연속된 객체들을 배치할 수 있습니다. 일반적인 배관에 대한 표준은 배관라인 번호를 도면층으로 설정하고 배관의 용도를 도면층의 색상으로 적용합니다. 프로젝트 Lesson01을 오른쪽 마우스 클릭한 후, Project Setup을 선택하면 다음 화면이 나옵니다.

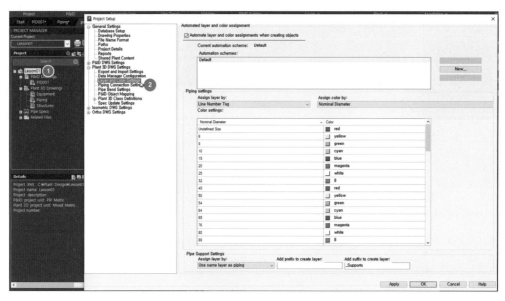

그림 4-2. 3D 배관 모델의 도면층과 사이즈별 색상 설정

☑ TIP

AutoCAD Plant 3D는 가급적 영문버전 설치를 권장합니다. 엔지니어링 및 배관 자재 관련 용어가 대부분 영어이므로 한글 용어가 어색할 수 있습니다. 한글버전에서 버그가 발생하는 경우도 있습니다.

이번 실습에서는 도면층과 색상 관리를 연습합니다.

1. AutoCAD Plant 3D 2023을 시작합니다.

2. 실습 프로젝트 Lesson01을 열기 위해 다음과 같이 합니다.

- Project Manager의 Current Project 리스트에서 Open을 클릭합니다.

- 'C:\Plant Design\Lesson01' 폴더에서 Project.xml 파일을 선택하고 열기를 누릅니다.

3. 템플릿 도면의 도면층을 열고 확인하기 위하여, 새로운 도면 만들기를 클릭합니다.

4. Select template 창에서 'PID ISO A1 -Color Dependent Plot Styles.dwt' 템플릿을 선택하고 Open을 클릭합니다.

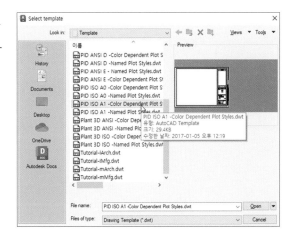

5. 도면층 속성(Layer Properties)을 클릭
합니다.

6. 이 템플릿에 있는 도면층을 살펴본 후, 도면을 저장하지 않고 닫습니다.

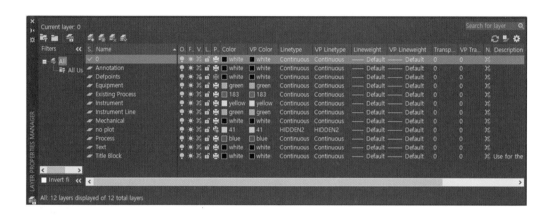

7. Project Manager에서 Lesson01 오른쪽 클릭하고
Project Setup을 클릭합니다.

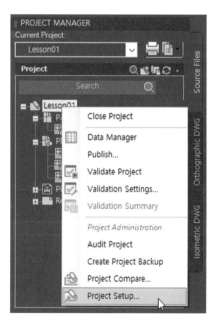

8. Project Setup 창에서 P&ID DWG Settings → P&ID Class Definitions → Engineering Items → Equipment → Blowers → Centrifugal Blower를 선택합니다. Class setting: Centrifugal Blower에서 Edit Symbol을 클릭합니다.

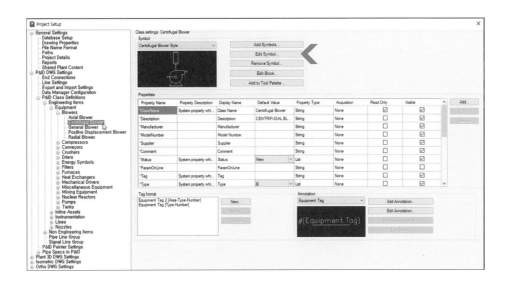

9. Symbol Settings 창에서 기호의 색상이 ByLayer로 설정되어있고, 도면층이 Equipment로 설정되어있는지 확인합니다.

10. 일부 다른 심볼을 살펴보고, 열려있는 모든 창을 닫습니다.

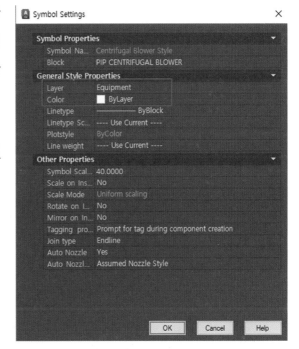

11. 새로운 도면 만들기를 클릭합니다.

12. Select template 창에서 'Plant 3D
ISO -Color Dependent Plot Style.dwt'
템플릿을 선택하고 Open을 클릭합니
다.

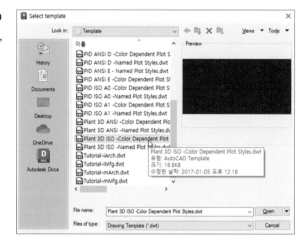

13. 도면이 열리면, 도면층 속성관리자를 클릭합니다. 템플릿에 0 layer만 있는 것을 확인합니
다. 3D 모델링 파일은 Layer 0만 존재하며, 3D 모델링을 하면서, 해당 객체에 따라서 Layer가
자동으로 생성됩니다. 저장하지 않고 도면을 닫습니다.

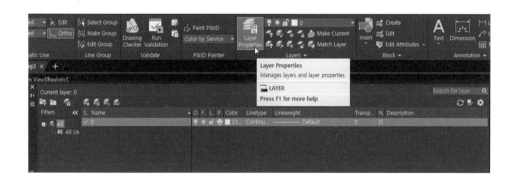

14. Project Manager에서 Lesson01을 오른쪽 마우스 클릭하고 Project Setup을 클릭합니다.

15. Project Setup 창에서 Plant 3D DWG Settings를 확장하고 Layer and Color Settings를 클릭합니다.

16. Automated Layer 및 Color Assignment 섹션에서 설정 부분을 검토합니다.

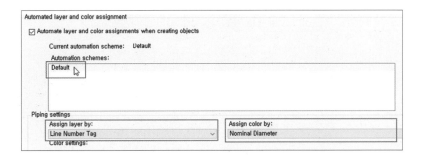

- Automation schemes: Default

- Assign Layer By: Line Number Tag

- Assign Color By: Nominal Diameter

17. Assign color by 아래에서 Service 선택 후, 색상 설정이 변경 되는 것을 확인합니다.

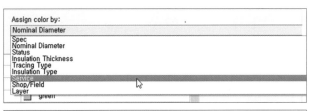

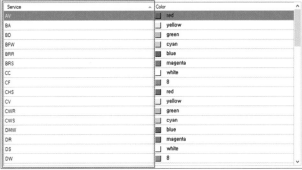

18. Cancel을 누르고 Project Setup 창을 종료합니다.

19. Project Manager에서 Plant 3D Drawings 아래의 Piping 모델을 더블클릭합니다.

20. 도면층 속성 관리자(Layer Properties)를 열고, 도면층을 살펴봅니다. 자동방식에 따라 도면에 객체를 추가하는 동안 이러한 도면층이 자동으로 만들어집니다.

21. 모든 창을 닫고, Piping 모델을 닫습니다.

제1장 Summary

제1장에서는 플랜트 설계에 대한 일반적인 주제와 AutoCAD P&ID 및 AutoCAD Plant 3D를 이용하여 플랜트 프로젝트를 구성하고, 프로젝트의 작업방법과 환경 설정에 대하여 학습하였습니다. 이 장을 완료한 후, 다음과 같은 작업을 할 수 있습니다.

- Project Manager을 사용하여 도면과 데이터가 저장되는 위치에 대하여 확인하기
- Project Manager를 이용하여 하위 폴더와 파일을 관리하기
- Project Manager에서 도면을 열기
- 2D와 3D 작업 환경을 이해하고 프로젝트 작업 흐름을 계획하기

☑ TIP

AutoCAD P&ID와 Plant 3D는 AutoCAD의 기능을 그대로 활용하여 플랜트 기능을 추가한 프로그램입니다. 따라서 AutoCAD 기본 사용법에 익숙하면 매우 유용합니다. 모델링 작업 수정을 하면서 객체를 선택하는 일이 자주 발생합니다. 효과적으로 객체를 선택하는 방법을 숙지하기를 권장합니다. AutoCAD 명령을 수행할 대상 객체를 선택하는 방법은 윈도우(Window) 선택 방법과 크로싱(Crossing) 선택 방법이 있습니다.

- 윈도우 선택: 선택할 대상 객체의 왼쪽을 클릭하고, 오른쪽 대각 지점을 클릭합니다. 실선 윈도우 안에 완전히 포함된 객체만 선택합니다.
- 크로싱 선택: 선택할 대상 객체의 오른쪽을 클릭하고, 왼쪽 대각 지점을 클릭합니다. 점선 윈도우 안과 점선에 걸쳐진 모든 객체를 선택합니다.

제2장

AutoCAD P&ID

개요

플랜트 설계에서 일련의 장비 및 시스템을 도식으로 표현할 때 배관 및 계장 공정도(P&ID, Piping & Instrument Diagram)를 작성합니다. P&ID 작업에는 도면에 표준 기호 배치, 줄 바꿈 및 수정, 유체 흐름 방향, 표준 형식의 태그 및 주석 배치, 변경 내용 수정 및 프로젝트 정보 공유 등을 포함합니다.

제2장에서는 AutoCAD P&ID 프로젝트 환경에서 P&ID 도면을 생성하여 장비 심볼을 배치하고, 장비와 배관을 연결하고, 배관라인에 태그 및 프로세스 정보 입력하는 것을 실습합니다. 이어서 계장 장비를 설치하고 주석(Annotation)을 배치하는 방법과 이동, 복사, 확장 명령을 사용하여 P&ID를 변경 및 수정하는 방법을 배워봅니다.

데이터 관리자(Data Manager)를 사용하여 보고서를 만들고, P&ID 정보를 검토하고, 외부 파일 (XLS, XLSX, CSV)로 데이터를 내보내고, 외부 파일에서 수정한 후, 불러오기 기능을 이용하여 대량의 데이터를 용이하게 처리하는 방법을 실습합니다.

여러 장의 P&ID 도면을 연결하는 OPC(Off Page Connector) 사용법과 유효성 검증 도구(Validation)를 사용하여 P&ID 도면의 오류나 에러를 검증하는 방법을 배워 봅니다.

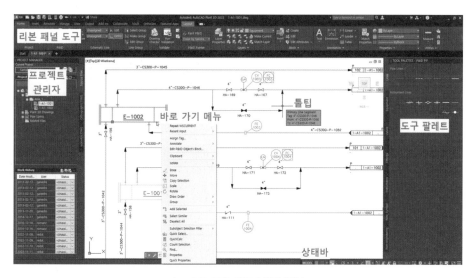

AutoCAD P&ID 사용자 인터페이스

새로운 도면 작성하기

■ 학습목표

- P&ID 프로젝트에 폴더와 하위 폴더 만들기

- P&ID 프로젝트에 새로운 도면 만들기

- 현재의 P&ID 프로젝트에 기존 도면 연결 및 복사하기

- 현재의 P&ID 프로젝트에 도면 속성 관리하기

프로젝트 폴더 및 하위 폴더 만들기

P&ID 도면 관리를 위해 Project Manager에서 폴더 및 하위 폴더를 생성하여 관리합니다. 그림 5-1은 샘플 프로젝트로서 프로젝트 폴더와 하위 폴더로 구성되어있습니다.

Project Manager 창에서 'P&ID Drawings' 폴더를 오른쪽 마우스 클릭하여 'New Folder'를 클릭합니다. Project Folder Properties 대화상자에서 폴더 이름 지정 및 폴더 위치, 이 폴더에서 도면 생성시 사용할 템플릿 파일 등을 선택하여 폴더를 만들 수 있습니다.

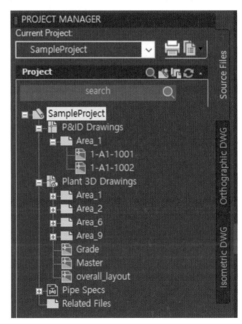

그림 5-1. 프로젝트 폴더

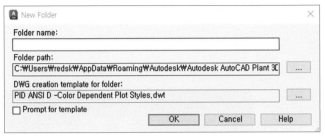

그림 5-2. 폴더 만들기 메뉴   그림 5-3. 폴더 만들기 대화상자

새로운 도면 만들기

P&ID 프로젝트가 진행되면 추가적으로 도면을 만들 필요가 있는데, Project Manager 창에서 새로운 도면을 빠르게 만들 수 있습니다.

Project Manager 창에서 도면을 배치하고자 하는 폴더를 오른쪽 마우스 클릭하여 'New Drawing'을 클릭합니다. 'New DWG' 대화상자에서 파일 이름과 작성자, DWG 템플릿을 선택할 수 있습니다.

그림 5-4. 도면 만들기 메뉴

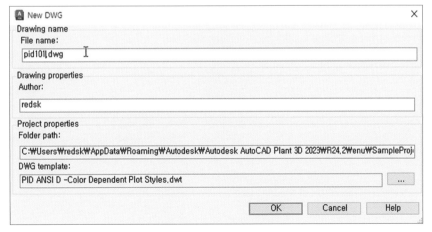

그림 5-5. 도면 파일 만들기 대화상자

프로젝트에 도면 복사하기

현 프로젝트 밖에서 작성한 도면이나 파일을 현재의 프로젝트에서 사용할 필요가 종종 있습

니다. 도면을 추가하여 사용하려면, Project
Manager 창에서 도면 복사를 해야 합니다.
이 과정은 다음의 3가지를 동시에 진행해줍
니다.

- 해당 도면 파일을 파일탐색기에서 복사
- 프로젝트 데이터베이스에 새로운 도면 파일
  의 정보를 기록
- 프로젝트 관리자 창에 도면 파일 정보 표시

그림 5-6. 도면 파일 복사하기 메뉴

도면 복사는 Project Manager 창에서 복사할 도면이 배치될 폴더를 오른쪽 마우스 클릭한 뒤
'Copy Drawing to Project'를 클릭합니다.

'Select Drawings to Copy to Project'
에서 복사할 폴더의 파일을 선택하고,
Open을 클릭합니다. 프로젝트 폴더 로
컬 경로에 사본이 만들어지고, 현재 프
로젝트에 도면이 추가됩니다.

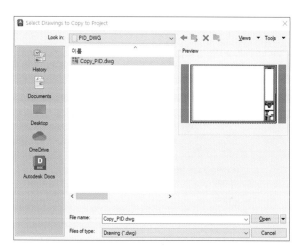

그림 5-7. 복사할 파일 선택 대화상자

도면 속성 Drawing Properties

Project Manager 창에서 도면 파일을 오른쪽 마우스 클릭하여 'Properties'를 클릭하면 'Drawing Properties' 대화상자가 활성화됩니다. 도면 특성 대화상자에서 도면 파일에 정의된 기본적인 정보를 입력할 수 있습니다.

그림 5-8. 속성 정보 메뉴

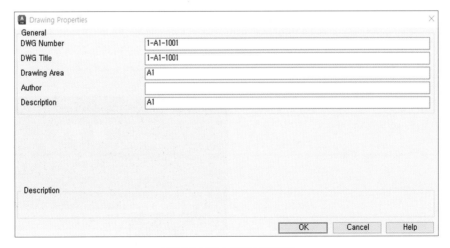

그림 5-9. 도면 속성 정보 대화상자

이번 실습에서는 새로운 도면 작성, 도면 복사에 대해서 배우게 됩니다.

1. AutoCAD Plant 3D 2023을 시작합니다.

2. 실습 프로젝트 Lesson05를 열기 위해 다음과 같이 합니다.

  - Project Manager에서 Current Project 리스트에서 Open을 클릭합니다.
  - 'C:₩Plant Design₩Lesson05' 폴더에서 Project.xml 파일을 선택하고 열기를 누릅니다.

3. P&ID 도면을 열기 위하여 다음과 같이 수행합니다.

  - Project Manager 창에서 '+'를 클릭하여 'P&ID Drawings'를 확장합니다.
  - 'PID001' 도면을 오른쪽 마우스 클릭합니다.
  - 'Open'을 클릭합니다. PID001 도면이 열립니다.

4. 다음과 같이 새로운 P&ID 도면을 생성합니다.

  - Project Manager 창에서 P&ID Drawings를 오른쪽 마우스 클릭합니다.
  - 'New Drawing'을 클릭합니다.

5. 새로운 도면의 기본적인 속성 정보를 입력합니다.

- 'New DWG' 대화상자에서 파일 이름 'PID002'를 입력합니다.

- 원하는 경우 작성자 이름을 입력합니다.

- 원하는 경우 DWG 템플릿을 '…' 버튼을 클릭하여 변경할 수 있습니다.

- OK를 클릭합니다.

6. 다음과 같이 새로운 도면이 생성됩니다.

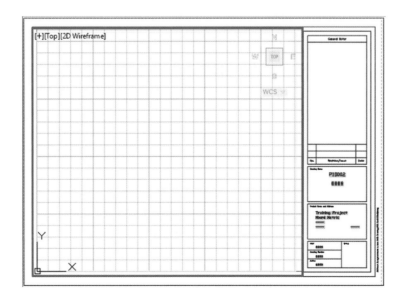

7. 도면 속성을 편집합니다.

- Project Manager 창에서 P&ID Drawings를 확장합니다.

- PID002 도면을 오른쪽 마우스 클릭하여 Properties를 클릭합니다.

- 'Drawing Properties' 대화상자에서 다음 그림과 같이 입력합니다.

- OK를 클릭합니다(Author: 현재 사용자 이름 자동 입력됨. 변경 가능).

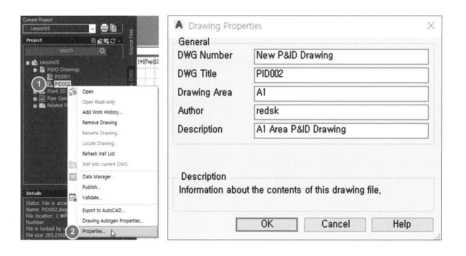

8. 프로젝트에 새로운 폴더를 생성합니다.

- Project Manager 창에서 P&ID Drawings를
  오른쪽 마우스 클릭합니다.
- 'New Folder'를 클릭합니다.

9. 폴더 특성정보를 입력하고 프로젝트 폴더를 생성합니다.

- Project Folder Properties 대화상자에서 폴더 이름을 'Area10'으로 입력합니다.

- 폴더 저장 위치에서 경로를 확인합니다.

- OK를 클릭합니다.

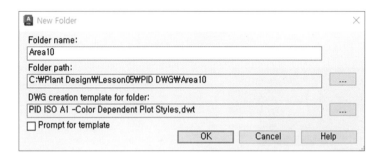

10. 같은 방법으로 새로운 폴더 'Area20'을 생성합니다. Project Manager 창에 다음과 같이 2개의 폴더가 표시됩니다.

11. 파일탐색기에서 프로젝트 폴더에 새로 생성된 폴더와 도면 파일을 확인합니다.

12. 다음과 같이 프로젝트에 외부 도면을 복사해옵니다.

- Project Manager 창에서 'P&ID Drawings'를 오른쪽 마우스 클릭합니다.

- 'Copy Drawing to Project'를 클릭합니다.

- 'C:\Plant Design\Lesson05\Related Files' 폴더에서 복사할 파일을 지정합니다. Shirft 키를 사용하여 PID003과 PID004를 동시에 선택합니다.

- Open을 클릭합니다.

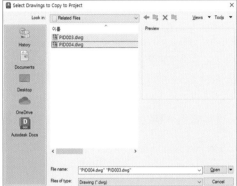

13. Project Manager에 복사된 파일이 표시되고, PID003과 PID004 도면은 실제로 프로젝트 폴더인 'PID DWG' 폴더에 복사됩니다.

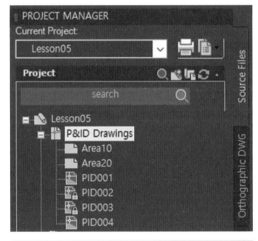

14. 모든 도면을 저장하고 닫습니다.

기계장치와 노즐

▣ **학습목표**

- 도면에서 P&ID Equipment 심볼 배치하기
- P&ID Equipment 심볼에 Nozzle 배치하기
- P&ID 도면에 신규 및 기존 구성요소에 태그 정보 배치하기

Equipment 배치

도구 팔레트를 사용하여 P&ID Equipment 심볼을 배치할 수 있습니다. 도구 팔레트에서는 P&ID Equipment 심볼 목록을 빠르게 찾을 수 있습니다. 아래 그림은 'Tool Palette - P&ID PIP'에서 활성화된 Equipment 심볼 목록의 일부입니다.

P&ID 설계에 Equipment를 배치하는 방법은 매우 간단합니다. 도구 팔레트에서 원하는 Equipment 심볼을 클릭하면 마우스 커서에 심볼이 표시됩니다. 마우스 커서를 도면상에 클릭하면 심볼이 도면에 배치됩니다. 심볼 특성에 따라서 선택된 Equipment 심볼의 크기 조절과 같은 추가 작업이 필요할 수 있습니다. 다음 그림은 도

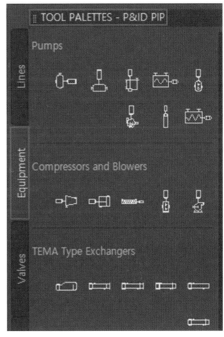

그림 6-1. P&ID 도구 팔레트의 Equipment 탭

구 팔레트에서 'Horizontal Centrifugal Pump'를 선택하여 도면에 배치하는 작업입니다.

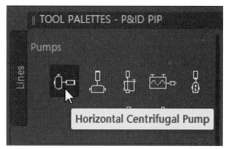

그림 6-2. 심볼 선택하여 클릭하기

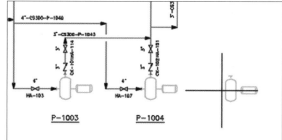

그림 6-3. 마우스 커서에 붙어있는 심볼

노즐 배치

AutoCAD P&ID에서 노즐을 배치하는 가장 보편적인 방식은 배관라인을 그대로 Equipment 심볼에 연결하는 것입니다. 배관라인을 Equipment 심볼에 연결하면 노즐이 자동으로 배치됩니다. 또는 노즐 심볼을 사용자가 직접 배치할 수도 있습니다. 그림 6-4는 노즐이 필요한 다양한 유형의 Equipment가 있는 전형적인 P&ID 도면을 보여줍니다.

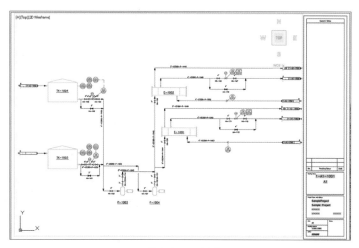

그림 6-4. P&ID 도면

P&ID 도면에서 노즐을 배치하려면 도구 팔레트의 Fittings 탭에서 스크롤 다운하여 노즐을 찾습니다. 팔레트에서 노즐을 클릭하면(그림6-5), 명령창에 'Select asset to place nozzle on:'이 나옵니다. '□' 형태로 변환된 마우스 커서로 Equipment를 클릭합니다(그림 6-6). 노즐이 배

치될 Equipment 심볼상의 위치를 OSNAP을 이용하여 클릭하고, 노즐의 방향을 지정합니다 (그림6-7). 보통 Equipment로부터 90도 직교 모드로 선택하여 클릭합니다.

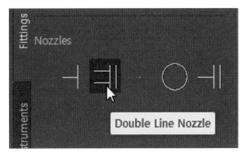

그림 6-5. Nozzle 심볼 클릭

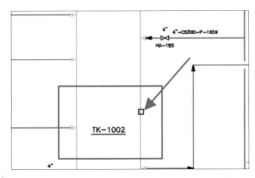

그림 6-6. Nozzle을 배치할 Equipment 선택 클릭

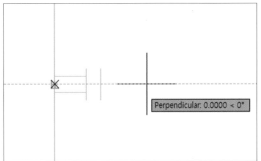

그림 6-7. Nozzle 방향 지정

태그 정보 배치

P&ID 도면에 태그를 사용하여 정보를 입력할 수 있습니다. P&ID 심볼을 배치 후 Assign Tag 대화상자에서 태그 정보를 입력합니다. 이때 입력된 정보는 데이터베이스에 저장됩니다. 나중에 추가도 가능합니다. 다음 그림은 Assign Tag 대화상자를 보여줍니다. 이 대화상자에서 자동으로 P&ID 탱크의 태그 정보를 입력할 수 있습니다. 태그 정보를 도면에 배치하는 것은 Annotation 명령을 사용합니다.

태그 정보는 Assign Tag 대화상자에서 배치합니다. 심볼을 선택하고 오른쪽 마우스 클릭하여 Assign Tag를 클릭하면 대화상자가 나타나며 태그 정보 편집이 가능합니다.

- Tank 심볼을 오른쪽 마우스 클릭합니다.

- Assign Tag를 클릭합니다.

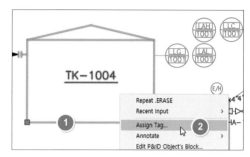

그림 6-8. Assign Tag 명령

- 직접번호를 입력하거나 '다음 번호(Number)' 버튼을 클릭하여 번호를 자동으로 입력 가능합니다.

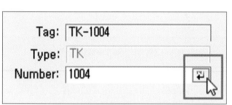

그림 6-9. 다음 번호(Number) 버튼

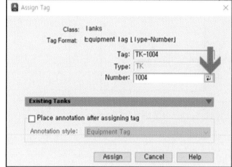

그림 6-10. Assign Tag 대화상자

- 태그 정보를 데이터베이스에 저장함과 동시에 도면에 태그 정보를 배치하려면 'Place annotation after assigning tag'를 체크합니다.

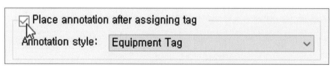

그림 6-11. Annotation style 선택 창

- 'Vessel Infotag' 주석 스타일을 선택합니다.

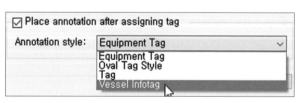

그림 6-12. Vessel Infotag Annotation style 선택

■ 태그를 배치할 위치에 마우스를 클릭합니다. Vessel Infotag 주석 스타일 태그가 도면에 표시됩니다.

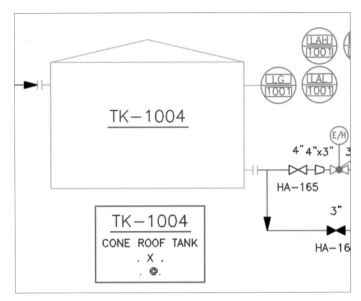

그림 6-13. Equipment 심볼과 주석

☑ TIP

Assign과 Annotation의 차이는 다음과 같습니다.

· Assign: 심볼이나 객체에 태그번호를 부여하며, 데이터베이스에 저장이 됩니다.
· Annotation: 심볼이나 객체가 데이터베이스에 저장하고 있는 정보를 도면에 표현해줍니다.

이번 실습에서는 Equipment에 배치 및 태그입력 Nozzle을 배치하는 방법을 배웁니다.

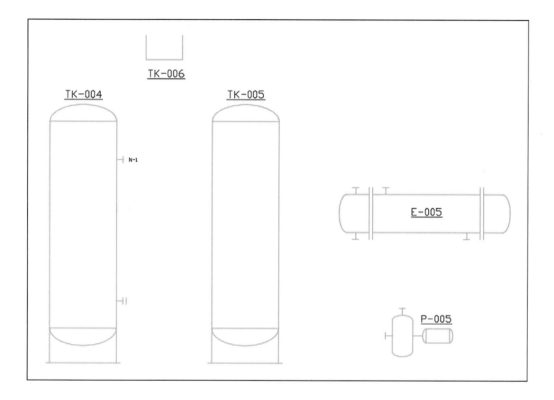

1. AutoCAD Plant 3D 2023을 시작합니다.

2. 실습 프로젝트 Lesson06을 열기 위해 다음과 같이 합니다.

- Project Manager에서 Current Project 리스트에서 Open을 클릭합니다.
- 'C:₩Plant Design₩Lesson06' 폴더에서 Project.xml 파일을 선택하고 열기를 누릅니다.

3. Project Manager에서 P&ID Drawings 폴더 밑의 PID002 도면을 엽니다.

4. Workspace(작업공간)가 P&ID PIP로 되어있는지 확인하고, 그렇지 않은 경우 P&ID PIP로 설정합니다.

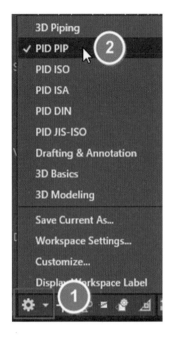

5. 도구 팔레트에서 Equipment 탭을 선택합니다.

6. Equipment에서 'Vessel and Miscellaneous Vessel Details'의 아래 첫 번째 아이콘 Vessel을 선택합니다.

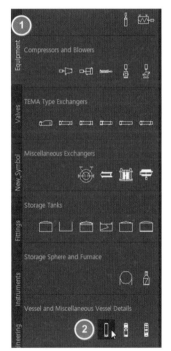

7. Vessel의 위치를 지정하고 크기를 정하기 위해 스케일을 지정합니다.

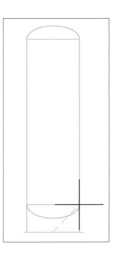

- Specify an insertion point: 도면 좌측에 마우스를 클릭하여 Vessel을 배치합니다.
- Enter XY scale factor, specify opposite corner or [XY] <40>: 프롬프트에서 25를 입력하고 Enter 키를 누릅니다.

8. 태그 정보를 입력합니다.

- Assign Tag 대화상자에서 태그 정보 004를 입력합니다.
- 'Number' 필드 끝에 있는 '다음 번호 아이콘'을 클릭하면, P&ID 문서에 사용된 번호를 검색하여 자동으로 다음 번호가 입력됩니다.

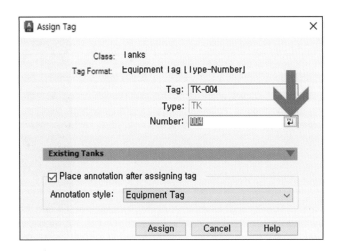

9. 도면에 주석을 배치합니다.

- Assign Tag 대화상자 아래의 'Place annotation after assigning tag'를 체크합니다.

- Annotation style을 'Equipment Tag'로 선택합니다.

- Assign 버튼을 클릭합니다.

10. 그림과 같이 Vessel 위쪽에 클릭하여 주석을 배치합니다.

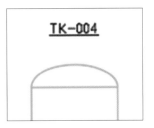

11. 방금 배치된 Vessel을 복사하여, 우측에 새로운 Vessel을 배치합니다.

- 복사할 Vessel을 오른쪽 마우스 클릭합니다.

- 팝업 메뉴에서 Copy Selection을 선택합니다.

12. Specify base point or [Displacement mOde] 〈Displacement〉: 프롬프트에서 Vessel의 적당한 스냅 포인트를 클릭합니다.

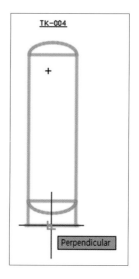

13. Specify second point of [Array] 〈use first point as displacement〉: 프롬프트에서 Vessel 우측의 적당한 거리에 왼쪽 마우스 클릭하여 배치합니다. 키보드의 Esc 키를 눌러 복사 명령을 종료합니다.

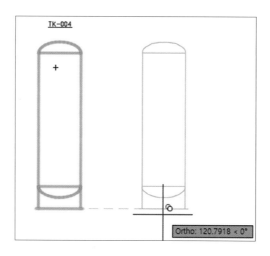

14. 복사된 Vessel의 태그 번호에 'TK-004?'와 같이 '?'가 추가된 것을 확인합니다.

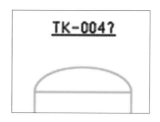

15. 주석 태그를 업데이트합니다.

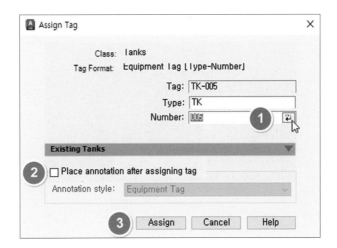

- 복사된 Vessel을 오른쪽 마우스 클릭합니다.

- Assign Tag를 클릭합니다.

- Assign Tag에서 다음 번호 아이콘을 클릭하여 입력합니다.

- 'Place annotation after assigning tag'는 체크하지 않습니다.

- Assign 버튼을 클릭합니다.

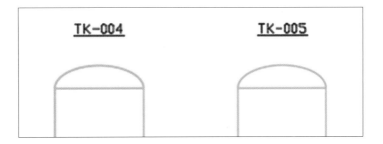

16. Storage Tanks를 배치합니다.

- Tool Palette → Equipment → Storage Tanks → Open Top Tank를 클릭합니다.

- 방금 배치한 2개의 Vessel 위에 Tank를 배치하기 위해 왼쪽 마우스 클릭합니다.

- Enter XY scale factor, specify opposite corner, or [XY] <40>: 프롬프트에서 10을 입력하고 Enter 키
  를 누릅니다.

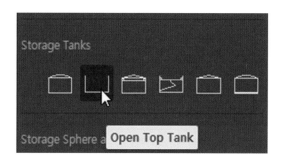

17. Assign Tag 대화상자가 나오면 태그 정보를 입력합니다.

- 태그 번호는 다음 번호 입력 아이콘을 클릭합니다.
- 'Place annotation after assigning tag'를 체크합니다.
- Assign 버튼을 클릭합니다.

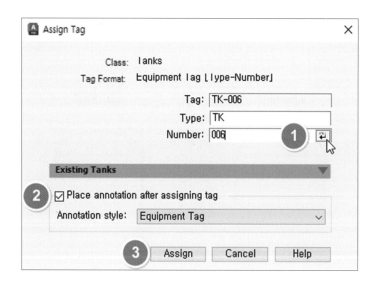

플랜트 설계용 AutoCAD P&ID Plant 3D 입문 실습

18. 새로운 Tank 근처에 태그를 배치합니다.

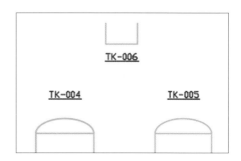

19. 펌프를 배치합니다. Equipment 탭에서 'Pumps' 아래의 'Horizontal Centrifugal Pump'를 클릭합니다.

20. Pump를 도면에 배치합니다.

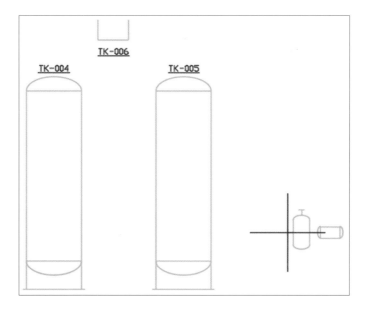

21. Assign Tag 대화상자에서 다음 번호 입력 아이콘을 클릭합니다. Assign을 클릭하여 Pump 근처에 주석을 배치합니다.

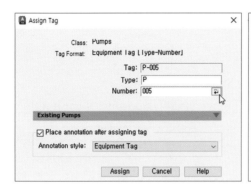
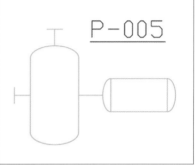

22. 탱크 및 펌프와 같은 방법으로 TEMA Type BEM 유형의 열교환기를 탱크 옆에 배치합니다. 장비 번호는 005로 입력합니다. 주석 태그를 사용하여 장비 안에 배치합니다. 아래 그림을 참조합니다.

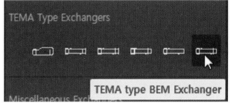

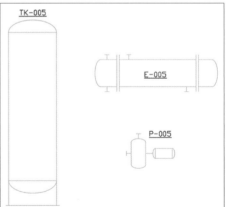

23. Tank에 Nozzle을 배치합니다. 도구 팔레트의 'Fittings' 탭에서 Single Line Nozzle을 선택합니다.

24. Tank TK-004의 오른쪽에 수직이 되는 방향을 클릭하여 Nozzle을 배치합니다.

25. 그림과 같이 이전 단계에서 정의한 것과 동일한 방법으로 이번에는 'Flanged Nozzle'을 배치합니다.

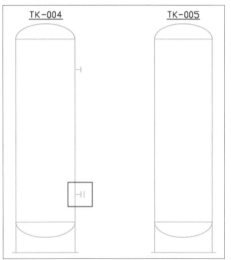

26. TK-004의 첫 번째 Nozzle에 커서를 가져가면 툴팁으로 태그 정보를 확인할 수 있습니다.

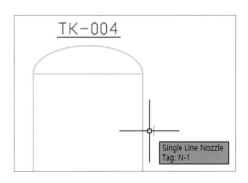

27. 태그를 주석으로 도면에 표시합니다.

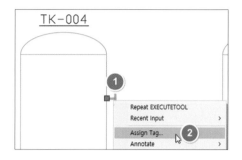

- Nozzle을 오른쪽 마우스 클릭합니다.

- Assign Tag를 선택합니다.

28. Assign Tag 대화상자에서 Nozzle의 정보를 확인한 후, Assign 버튼을 클릭합니다.

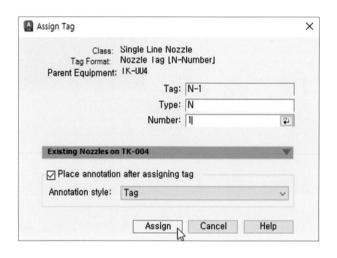

29. Nozzle 옆에 주석의 위치를 클릭하여 배치합니다.

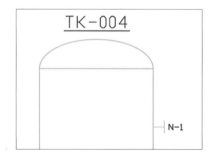

30. 도면을 저장하고 닫습니다.

플랜트 설계용 AutoCAD P&ID Plant 3D 입문 실습

배관라인 배치하기

배관라인 작성

모든 플랜트는 배관과 계장을 이용하여 설계합니다. 따라서 P&ID 도면은 배관라인과 계장라인이 필요합니다. 배관라인은 P&ID 프로젝트 설계의 중심이며 필수요소입니다. 다음 그림은 도구 팔레트의 배관라인과 계장라인의 다양한 종류를 보여주고 있습니다. 배관라인 및 계장라인을 사용하여 P&ID의 각 기기를 연결할 수 있습니다.

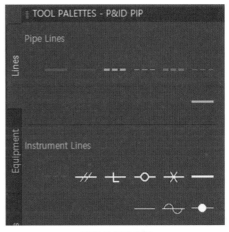

그림 7-1 라인 심볼

P&ID 도면에 배관을 배치하는 방법은 다음과 같습니다. 도구 팔레트에서 배관라인의 종류를 클릭합니다.

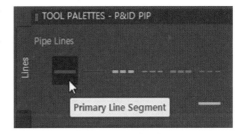

그림 7-2. 배관라인 심볼

다음에 시작점❶을 지정합니다. 배관라인은 직각으로 그려집니다. 중간점❷와 ❸을 클릭하고 종료점❹을 클릭하여 마무리합니다.

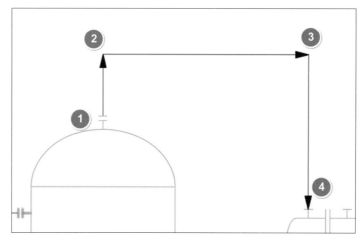

그림 7-3. 배관라인 심볼 배치하기

구성요소에 배관 연결

P&ID 도면 내에서 일반적으로 배관은 기기와 같은 구성요소에서 시작하고 종료할 수 있습니다. 보통 기기의 노즐에 연결하는데, 수동으로 구성요소에 라인을 연결할 수 있습니다. 배관 위에 마우스 커서를 가져가면 연결된 정보를 확인할 수 있으며, 연결되지 않은 경우도 툴팁으로 정보를 확인할 수 있습니다. '그림 7-4'는 탱크에 배관 연결 여부를 툴팁에서 확인하는 방법으로 마우스를 클릭하지 않고, 해당 라인 위에 마우스를 가져가면 됩니다. 현재 이 배관라인은 TK-001에 연결이 되어 있지 않습니다.

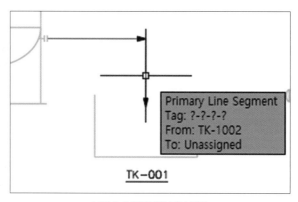

그림 7-4. 배관라인 정보 툴팁

다음은 노즐이 없는 오픈 탱크에 논리적으로 연결하는 방법입니다.

■ 배관에 오른쪽 마우스 클릭합니다.

■ Schematic Line Edit을 선택합니다.

■ Attach to Component를 클릭합니다.

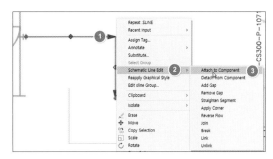

그림 7-5. Attach to Component 명령어

■ Select a component to attach to: 프롬프트에서 배관
라인이 연결될 구성요소를 클릭합니다.

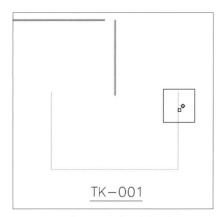

그림 7-6. 오픈 탱크 선택 클릭

■ Select sline Endpoint to attach: 프롬프트에서 배관라인의 끝부분을 클릭합니다.

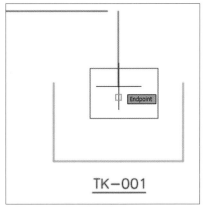

그림 7-7. 배관라인 선택

■ 배관라인 연결이 완성되고, 툴팁에서 배관라인이 연결된 것을 확인할 수 있습니다.

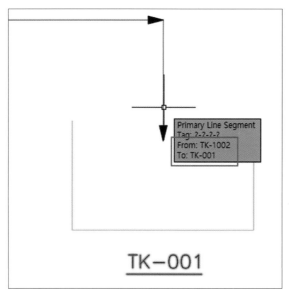

그림 7-8. 배관 연결 정보 툴팁

배관라인에 주석 입력

배관은 각각 특정한 목적을 가지고 있습니다. 정확한 설계를 위해 각 배관은 많은 정보가 있어야 합니다. 다음 그림은 Assign Tag 대화상자와 태그를 적용한 결과를 보여줍니다. Assign Tag 대화상자를 이용하여 설계에 필요한 정보를 입력할 수 있습니다.

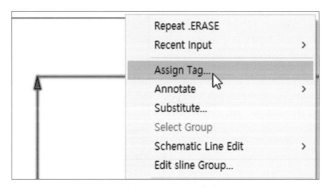

그림 7-9. Assign Tag 명령

도면의 배관라인에 태그를 표시하려면 'Place annotation after assigning tag'에 체크하고 Assign 버튼을 클릭하여 태그의 위치를 지정합니다.

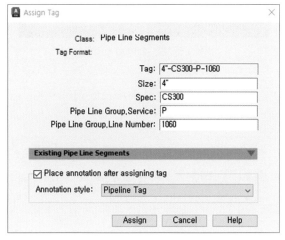

그림 7-10. Place annotation 옵션 선택

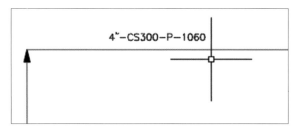

그림 7-11. 배관라인 번호 주석 배치

밸브 배치

P&ID 설계에서 밸브는 배관의 흐름을 제어하기 때문에 매우 중요합니다. 밸브가 배관라인에 배치되면 자동으로 라인이 끊어져서 배치됩니다. 만약 체크밸브와 같이 방향이 있다면, 배관라인의 흐름 방향과 일치하여 배치됩니다.

밸브는 대부분 다음과 같은 방법으로 배치됩니다. 도구 팔레트에서 원하는 밸브를 선택할 수 있습니다.

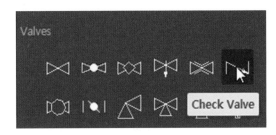
그림 7-12. 도구 팔레트의 밸브 심볼

밸브의 태그 정보를 수정하려면 밸브를 오른쪽 마우스 클릭하여 Assign Tag 메뉴를 사용합니다.

그림 7-13은 도구 팔레트에서 체크밸브를 선택하여 배관라인에 배치한 모양입니다. 체크밸브의 흐름 방향이 라인의 흐름 방향과 같으며 자동으로 적절한 방향으로 배치됩니다.

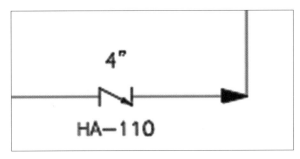
그림 7-13. 체크밸브 방향과 태그 주석

이번 실습에서는 배관라인을 Equipment에 연결하고 밸브와 레듀서를 라인에 배치합니다.

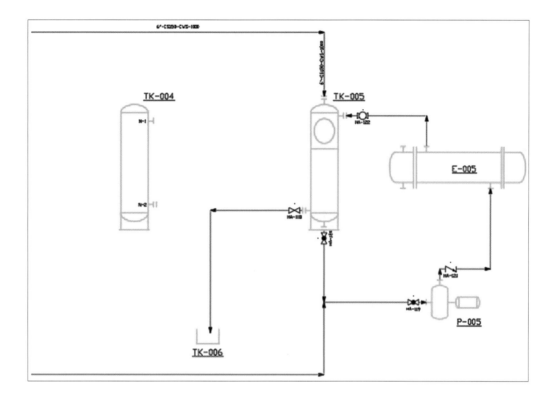

1. AutoCAD Plant 3D 2023을 시작합니다.

■ Project Manager의 Current Project에서 Open을 클릭합니다.

■ 'C:₩Plant Design₩Lesson07' 폴더에서 Project.xml 파일을 선택하고 열기를 클릭합니다.

2. PID002 도면을 엽니다.

3. 도구 팔레트에서 Lines 탭으로 이동합니다.

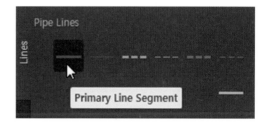

4. 배관라인을 도면에 배치합니다.

- 도구 팔레트의 Lines 탭에서 'Primary Line Segment' 클릭합니다.

- TK-004 위에 한 부분을 클릭합니다.

- Tank TK-005 상단 2번 위치를 클릭합니다.

- TK-005 윗부분을 OSAP을 이용하여 클릭합니다.

- Nozzle이 자동으로 배치됩니다.

5. Open Tank에 라인을 배치합니다.

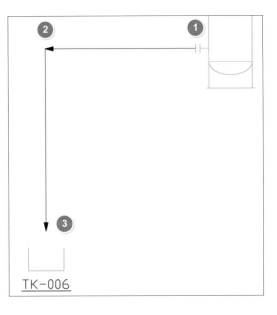

- 도구 팔레트의 Lines 탭에서 'Primary Line Segment' 클릭합니다.

- TK-005의 옆면을 클릭합니다.

- Open Tank 윗부분을 클릭합니다.

- Open Tank 바로 위의 열린 부분을 클릭한 후, Enter 키를 눌러 배관 배치를 완료합니다.

6. 앞과 같은 방법으로 4개의 배관라인을 배치합니다.

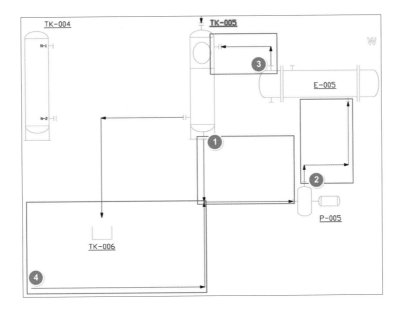

- ■ ❶ TK-005에서 Pump Nozzle로 배관라인을 배치합니다.

- ■ ❷ Pump 위의 Nozzle에서 Tank E-005의 Nozzle에 배관을 연결합니다.

- ■ ❸ E-005위의 Nozzle에서 TK-005에 배관을 연결합니다.

- ■ ❹ Open Tank 아래에서 배관라인을 시작하여 '❶ 라인'에 연결합니다.

7. 태그 정보를 입력합니다.

- ■ '❹ 라인'에 오른쪽 마우스 클릭하여 'Assign Tag'를 선택합니다.

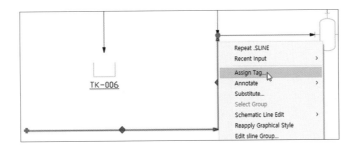

- Assign Tag 대화상자에서 Size, Spec, Service는 클릭하여 목록에서 선택하고, Line Number는 001을 입력합니다.
- Assign Tag 대화상자에서 'Existing Pipe Line Segments' 아래쪽에 'Place annotation after assigning tag'를 체크합니다.
- Assign 버튼을 클릭합니다.

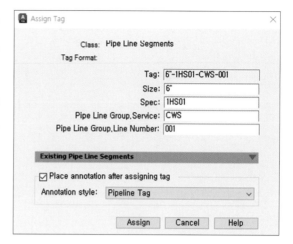

- 배관라인 근처에 마우스를 클릭하여 주석 태그를 배치합니다.

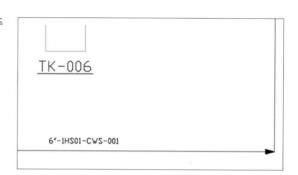

8. TK-005에서 P-005로 연결된 배관라인에도 아래와 같이 태그 넘버 002를 입력하고 라인 근처에 태그 주석을 배치합니다.

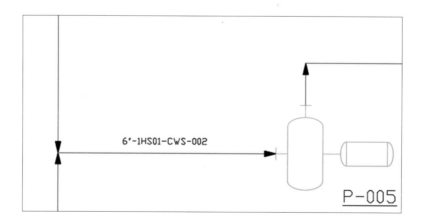

9. 다음 그림에서 '6"-1HS01-CWS-001' 라인과 '6"-1HS01-CWS-002' 라인은 라인 번호가 다른 배관라인들입니다. 두 라인을 하나의 '6"-1HS01-CWS-002' 라인으로 그룹화합니다.

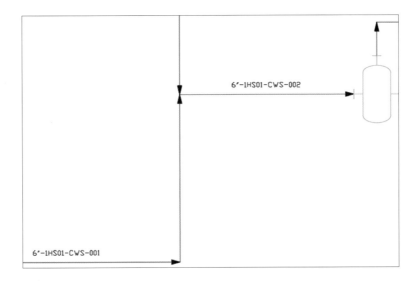

■ 리본 탭에서 Home → Line Group Panel → Make Group을 클릭합니다.

■ Select source sline to group additional slines to: 프롬프트에서 TK-005에서 Pump P-005에 연결된 라인을 먼저 클릭합니다.

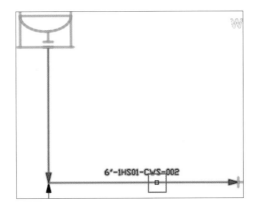

- Select slines to add to group or 'Line-number Service': 프롬프트가 나오면, 배관라인 '6"-1HS01-CWR-001'을 클릭하고 Enter 키를 누릅니다.

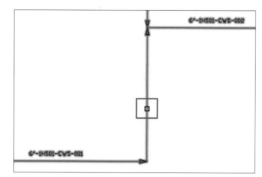

- 마우스 커서를 배관라인에 가져가면 두 라인이 모두 하이라이트 되며 정보도 일치하는 것을 확인할 수 있습니다.

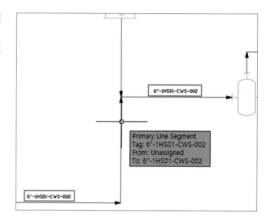

10. 배관라인의 태그 정보를 알아봅니다.

- TK-005의 윗부분에 연결된 배관라인을 오른쪽 마우스 클릭합니다.
- Assign Tag를 클릭하고 Assign Tag 대화상자에서 정보를 그림과 같이 목록에서 선택하거나 입력합니다.
- 'Place annotation after assigning tag'를 체크합니다.
- Assign 버튼을 클릭합니다.
- 배관라인 근처에 주석 태그를 배치합니다.

11. 같은 방법으로 같은 라인의 Vertical 방향으로 주석을 입력합니다.

- TK-005위의 배관라인의 Vertical 방향을 오른쪽 마우스 클릭합니다.

- Annotate → Pipeline Tag를 클릭하고 태그를 배치합니다.

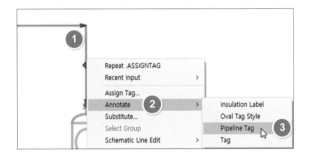

- 이번에는 태그가 Vertical 방향으로 배치된 것을 확인합니다.

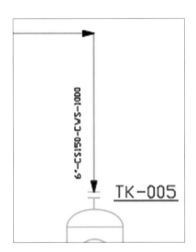

12. 배관라인 태그 번호를 이동하거나, 라인 안으로 배치해봅니다.

- 배관라인 태그를 왼쪽 마우스 클릭합니다.

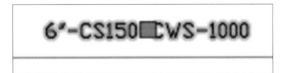

- 라인 태그가 하이라이트 되고, '□' 노드가 태그 중앙에 생깁니다. 이 노드를 왼쪽 마우스 클릭하여 태그를 이동할 수 있습니다.

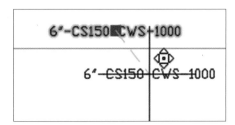

- 또한 배관라인 태그를 배관라인 안으로 이동하여 배치할 수 있습니다.

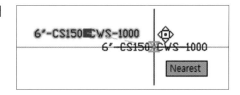

- 태그가 배관라인 안에 배치될 때, 배관라인은 자동으로 잘립니다. 반대로 배관라인 안에 있던 태그를 바깥으로 이동하면 배관라인은 자동으로 연결됩니다.

13. 배관라인에 레듀서를 배치합니다.

- 도구 팔레트에서 Fittings 탭을 선택합니다.
- 도구 팔레트의 Fittings 탭에서 'Concentric Reducer'를 클릭합니다.

- 그림과 같이 '6"-CS150-CWS-1000' 배관라인을 클릭하여 레듀서를 배치합니다.

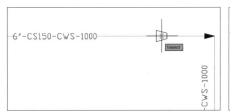
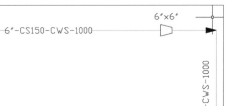

■ 레듀셔 왼쪽에 있는 배관라인에 오른쪽
  마우스 클릭하고, 'Assign Tag'를 클릭합
  니다.

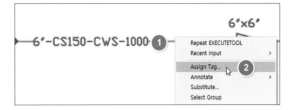

■ Assign Tag 대화상자에서 사이즈를 4"로 변경합니다.

■ 'Place Annotation After Assigning Tag'를 체크하지 않습니다.

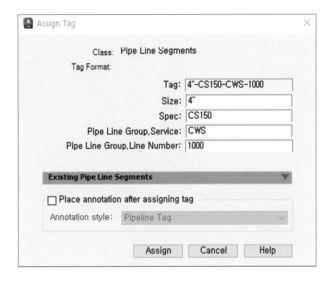

■ 'Assign' 버튼을 클릭하고, 레듀서의 방향과 레듀서 태그 주석이 변경된 것을 확인합니다.

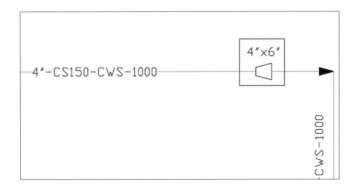

14. 레듀서를 삭제하는 방법을 연습합니다.

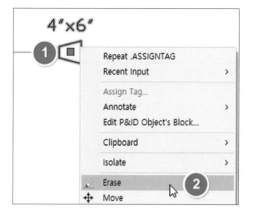

- 레듀서를 오른쪽 마우스 클릭합니다.

- Erase를 선택합니다.

- 'Property Mismatch' 대화상자에서 6"을 클릭하
  고 Continue를 클릭합니다.

- 6"으로 동일한 사이즈와 라인 번호로 연결됩니다.

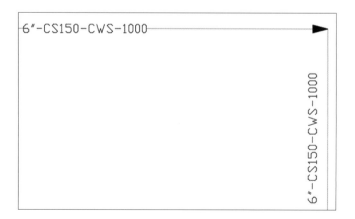

15. 'Segment Breaker'를 배치합니다.

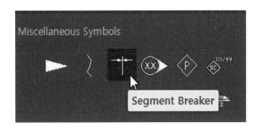

- 도구 팔레트에서 'Non-Engineering' 탭을 선택
  하고, Segment Breaker를 선택합니다.

- 6"-CS150-CWS-1000 배관라인을 클릭하여
  그림과 같이 Segment Breaker를 배치합니다.

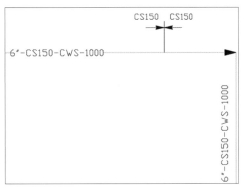

- 'Segment Breaker' 왼쪽에 있는 배관을 오른쪽 마우
  스 클릭하고, Assign Tag를 클릭합니다.

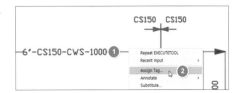

- Spec을 CS300으로 변경합니다.
- 'Place annotation after assigning tag'를 체
  크하지 않습니다.

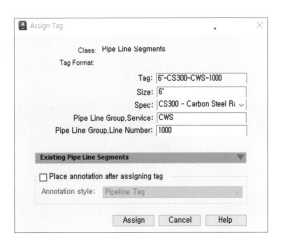

- Assign 버튼을 클릭합니다. 배관라인이 Spec이 다른 2개의 라인으로 분리가 되고 라인 번호도 2개가 다르게 표시됩니다.

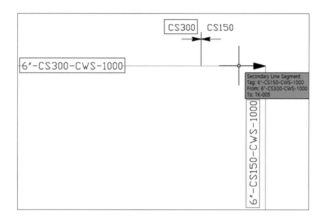

16. 밸브를 배관라인에 배치합니다.

- 도구 팔레트의 Valves 탭을 선택합니다.
- 도구 팔레트의 Valves 탭에서 'Gate Valve'를 클릭합니다.

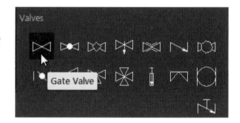

- P-005 왼쪽 배관에 그림과 같이 밸브를 배치합니다.

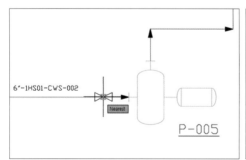 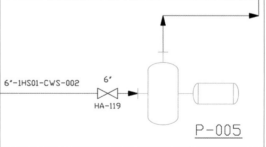

17. Check Valve를 배치합니다.

- Valves 탭에서 Check Valve 선택합니다.

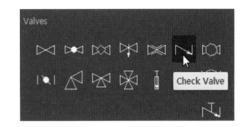

- Pump에서 E-005로 연결된 배관에 밸브를 배치합니다.
- 밸브의 방향은 배관의 흐름과 같은 방향으로 자동 배치됩니다.

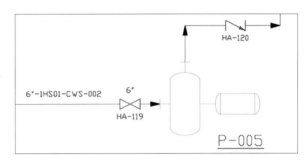

18. 배관라인이 실제로 심볼에 연결되지 않지만, 논리적으로 연결을 합니다.

- TK-005에서 TK-006(Open Tank)에 연결된 배관 라인에 커서를 위치합니다.
- 툴팁 정보에서 TK-005 to Unassigned라고 표시가 됩니다.

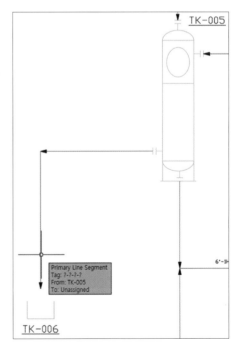

- 그림과 같이 TK-006 위 배관라인을 오른쪽 마우스 클릭합니다.
- Schematic Line Edit → Attach to Component를 클릭합니다.

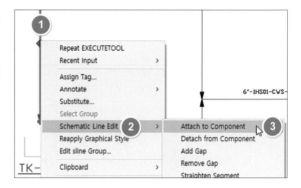

- Select a component to attach to: 프롬프트에서 TK-006(Open Tank)을 선택합니다.

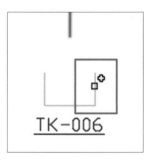

- Select sline Endpoint to attach: 프롬프트에서 배관라인의 끝점(Endpoint)을 클릭합니다.

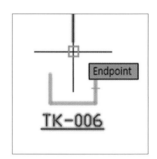

- 화살표가 다시 생기고, 그림과 같이 툴팁을 확인합니다. 배관라인이 TK-006과 연결된 것을 알 수 있습니다.

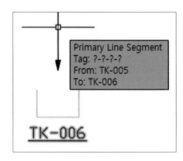

19. 도면을 저장하고 닫습니다.

제8과 | 계장과 계장라인 배치하기

■ 학습목표

- P&ID 도면에 일반계장(General Instruments) 배치하기
- P&ID 도면에 인라인계장(Inline Instruments) 배치하기
- P&ID 도면에 계장라인(Instrument Line) 배치하기

일반계장(General Instruments) 배치

P&ID 도면에서 일반계장(General Instruments) 심볼들은 다양한 배관 및 구성요소들을 모니터링 하는 도구들입니다. 그림 8-1은 도구 팔레트에서 'Instruments' 탭의 General Instruments 심볼들을 보여줍니다.

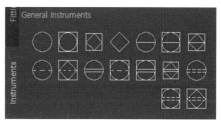

그림 8-1. 도구 팔레트의 General Instruments 심볼

계장 심볼을 배치할 때 Assign Tag 대화상자에서 세부적인 내용을 정의합니다. 또한 태그 정보를 표시하고 주석 스타일을 선택하는 옵션이 있습니다. 그림 8-2는 P&ID 도면에서 계장 LC-1001 심볼을 보여주며, 계장 정보를 Assign Tag 대화상자에서 설정하고, 도면에 표시될 주석 스타일을 표시한 것 입니다.

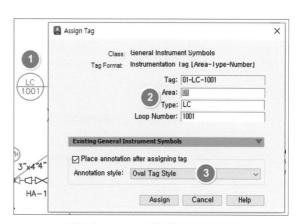

그림 8-2. Instrument 태그 번호 입력 대화상자

인라인계장(Inline Instruments) 배치

P&ID 도면에 인라인계장(Inline Instruments)을 배치하기 위하여 도구 팔레트의 Instruments 탭에서 'Primary Element Symbols (Flow)' 중에서 원하는 심볼을 사용할 수 있습니다.

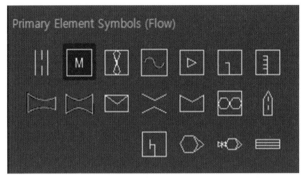

그림 8-3. 도구 팔레트의 Instruments - Primary Element

Assign Tag 대화상자에서는 심볼의 정보를 설정합니다. Instrumentation 심볼을 선택하고 라인에 배치합니다. 배관라인을 선택하여 배치 위치를 정하고 심볼을 배치합니다. '그림 8-4'는 태그 정보 입력 및 인라인계장 심볼을 배치한 결과입니다.

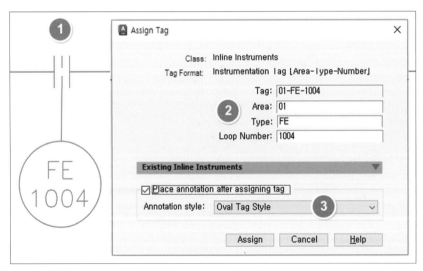

그림 8-4. Instruments와 태그 배치

계장라인 배치하기

계장라인을 배치하려면 도구 팔레트에서 필요한 라인유형을 선택합니다. 라인유형을 클릭하고 구성요소에 연결하는 시작점 및 종료점을 지정합니다. 언제든지 라인에 계장 심볼을 배치 또는 삭제가 가능합니다. 다음 그림은 도구 팔레트에서 컨트롤 밸브 등 다양한 계장 심볼을 배치한 후, 'Electrical Signal Instrumentation Line'을 선택하여 라인을 배치한 결과입니다.

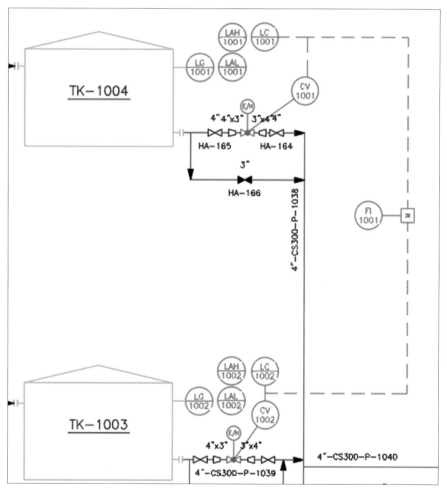

그림 8-5. 계장 심볼과 시그널 라인

이번 실습에서는 인라인계장(Orifice, Flow Instrument) 배치와 필요한 태그를 입력하는 방법을 배웁니다. 다음은 Heat Exchanger 주변에 온도를 측정하는 계장을 배치합니다. 신호를 제어하는 컨트롤 밸브에서 신호를 보내 계장에서 제어합니다.

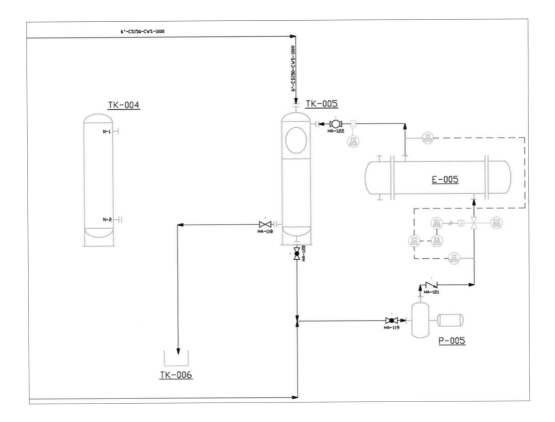

1. AutoCAD Plant 3D 2023을 시작합니다.

   - Project Manager의 Current Project에서 Open을 클릭합니다.
   - 'C:₩Plant Design₩Lesson08' 폴더에서 Project.xml 파일을 선택하고 열기를 클릭합니다.

2. PID002 도면을 엽니다.

3. 도구 팔레트에서 Instruments 탭을 선택합니다.

4. 도면에 Orifice를 배치합니다.

- 도구 팔레트의 Instruments 탭에서 'Primary Element Symbols (Flow)' 아래에 'Restriction Orifice'를 클릭합니다.

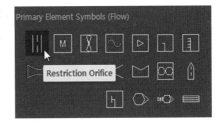

- Ball Valve HA-122 오른쪽 라인을 클릭하여 Orifice를 그림과 같이 배치합니다.

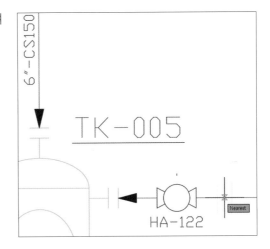

5. Assign Tag 대화창에서 태그 정보를 입력합니다.

- Assign Tag 대화상자의 Area에 10 입력합니다.
- Type은 필드 목록에서 FE(Flow Element)를 선택합니다.
- Loop Number는 005를 입력합니다.
- 'Place annotation after assigning tag'의 체크마크를 제거합니다.
- Assign을 누릅니다.

■ Select annotation position: 프롬프트에서 Orifice 심볼 아래 영역을 클릭하고 계장 명령을 완료합니다.

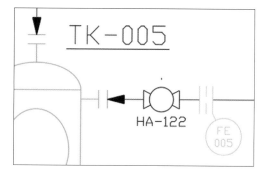

6. 도면에 컨트롤 밸브를 배치합니다.

■ 도구 팔레트의 Instruments 탭에서 Control Valve 아래의 컨트롤 밸브 아이콘을 선택합니다.

■ 'Control Valve Browser'에서 'Select Control Valve Body'의 'Gate Valve'를 선택합니다.

■ 'Select Control Valve Actuator' 아래의 'Piston Actuator'를 선택합니다.

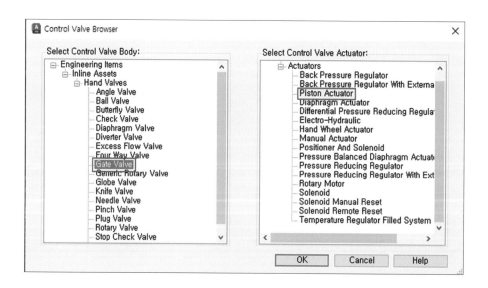

■ 그림과 같이 E-005 아래의 배관라인을 클릭합니다.

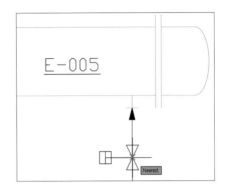

■ 컨트롤 밸브 태그 위치 지정하기 위해 오른쪽을 클릭하
여 배치를 완료합니다.

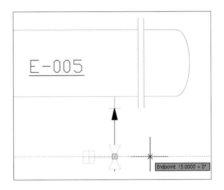

■ Assign Tag 대화상자의 Area에 10을 입력합니다.

■ Loop Number에 005를 입력합니다.

■ Assign 버튼을 클릭합니다.

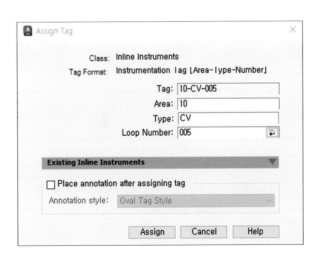

■ 그림과 같이 컨트롤 밸브 배치가 완료됩니다.

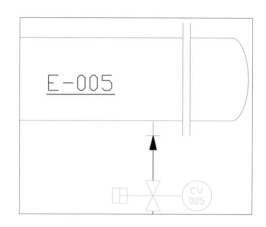

7. 다른 종류의 계장을 배치합니다.

■ 도구 팔레트의 'Instruments' 탭에서 'General Instruments' 아래의 'Field Discrete Instrument'를 선택합니다.

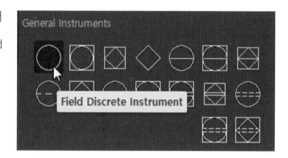

■ 도면에서 컨트롤 밸브 CV-005의 왼쪽을 클릭하여 배치합니다.

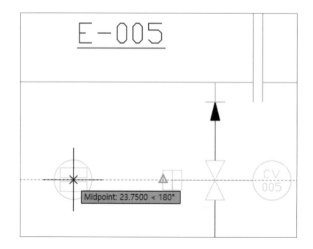

- Assign Tag 대화상자의 Area에 10을 입력합니다.
- Type에 TC를 선택 입력합니다.
- Loop Number에 005를 입력합니다.
- Assign을 클릭하고 배치를 완료합니다.

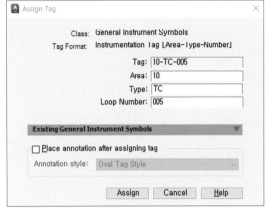

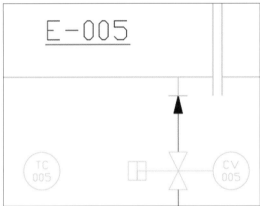

8. 다른 계장을 배치합니다.

- 첫 번째 입력했던 'TC'계장 아래 다른 'Field Discrete Instrument'를 배치합니다.

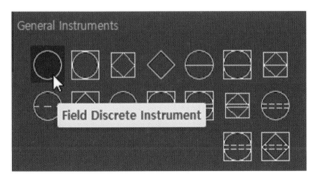

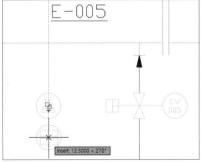

- Assign Tag 대화상자에서 Type을 TS 로 선택 입력합니다.

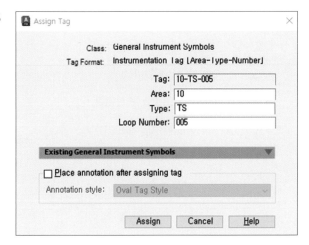

- Assign 버튼을 클릭하고 배치를 완료합니다.

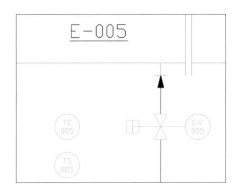

9. 그림과 같이 세 개의 계장을 배치합니다.

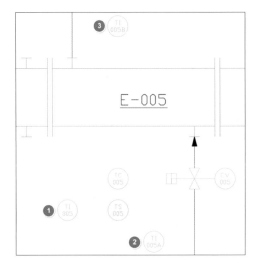

10. 도구 팔레트의 Lines 탭에서 계장라인을 배치합니다.

■ 도구 팔레트 'Lines' 탭에서 Instrument Lines
아래의 'Leader' 라인을 클릭합니다.

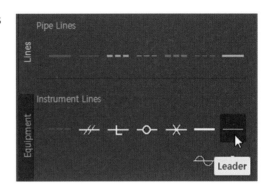

■ 아래의 그림처럼, TI-005A와 TI-005B를 'Instrument' 사분점을 선택하여 배관라인에 연결합니다.

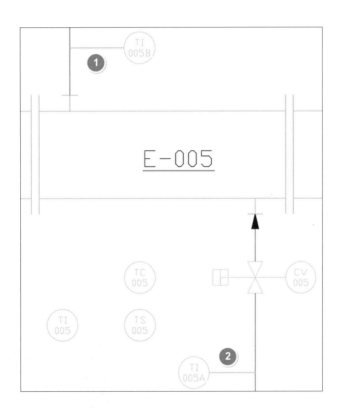

11. 전기 라인을 배치합니다.

- 도구 팔레트의 'Lines' 탭에서 'Electric Signal'을 선택합니다.

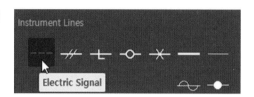

- 그림과 같이 네 개의 Electrical Signal 라인을 배치합니다.

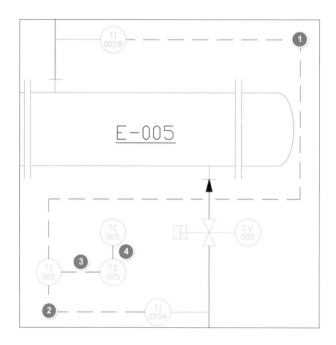

12. Pneumatic 라인을 배치합니다.

- 도구 팔레트의 Lines 탭에서 'Pneumatic Signal'을 선택합니다.

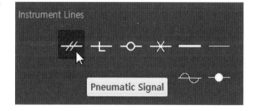

■ 그림과 같이 컨트롤 밸브와 계장을 연결합니다.

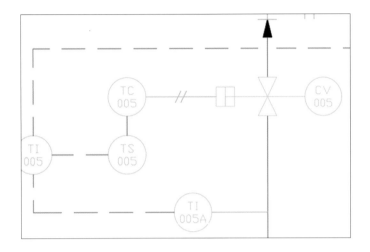

13. 도면을 저장하고 닫습니다.

☑ **TIP**

'6.'의 Control Valve Browser 대화상자가 나타나지 않을 경우 마우스 커서에는 이미 컨트롤 밸브 심볼이 붙어있고, 명령창에는 다음과 같은 프롬프트가 나타납니다.

· Pick insertion point or [Change body or actuator]:

C를 입력하고 Enter 키를 누르면, Control Valve Browser 대화상자가 나타나며, Body와 Actuator를 재설정할 수 있습니다.

■ 학습목표

- 태그 데이터 입력 및 배치하기
- 주석 및 심볼 편집하기
- 여러 주석 스타일의 태그 적용하기

태그 데이터

태그 데이터는 P&ID 프로젝트상의 모든 심볼에 할당됩니다. 심볼에 대한 구체적인 정보는 객체에 따라 달라질 수 있지만, 기본 정보는 각 구성요소별 필요한 정보를 담고 있습니다. 이 정보는 프로젝트 수행에서 구성요소 주문 및 기타 엔지니어링에 활용이 됩니다. 태그 데이터가 입력된 P&ID 심볼은 정보를 전달하는 중요한 역할을 합니다. 태그 데이터는 원하는 경우 화면에 표시 가능하며 '데이터 관리자'를 통해서도 관리할 수 있습니다.

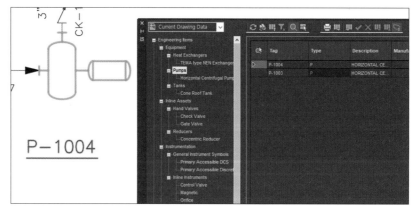

그림 9-1. Equipment 태그 주석 배치와 데이터 관리자

앞의 그림은 P&ID 도면의 'Centrifugal Pump'입니다. 태그 정보는 펌프 아래에 주석으로 표시할 수 있으며 특성(Properties)창을 통하여 개별 정보를 관리할 수 있고 '데이터 관리자'에서는 도면 또는 프로젝트 전체를 트리구조에 맞추어 체계적으로 관리할 수 있습니다.

심볼 주석 배치

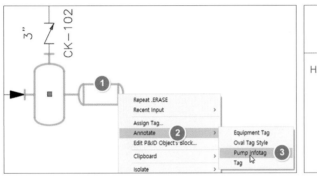

그림 9-2. Infotag 주석 명령

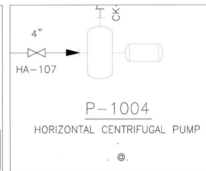

그림 9-3. Infotag 주석 배치 결과

P&ID 도면에서 심볼에 주석을 배치하기 위해서는 객체를 선택하고 오른쪽 마우스 클릭하여 'Annotate'를 클릭합니다. 그런 다음 주석 스타일을 클릭하여 도면에 태그가 위치할 곳을 선택합니다.

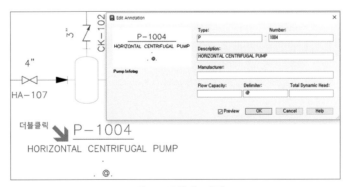

그림 9-4. 주석 태그 수정

주석을 더블클릭하여 'Edit Annotation' 대화상자를 활성화합니다. 이 대화상자에서 데이터를 배치 및 변경할 수 있습니다. 수정된 정보는 주석 태그에 적용됩니다. 만약 '데이터 관리자'에서 주석 데이터를 변경할 경우 자동으로 주석 태그도 업데이트됩니다.

주석 스타일

태그 정보는 Assign Tag 명령을 이용하여 데이터베이스에 저장되는 정보입니다. 주석 스타일은 Annotate 명령을 이용하여 저장된 정보를 도면에 표현하는 주석의 모습입니다. 주석 스타일은 각 심볼별로 Project Setup에서 정의할 수 있습니다. 현재 프로젝트에서 기계장치(Equipment)의 4가지 주석 스타일이 있습니다.

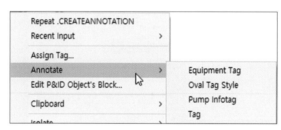

그림 9-5. 기계장치의 주석 스타일

'그림 9-6'은 4개의 주석 스타일을 적용한 예를 보여줍니다.

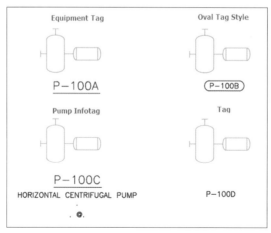

그림 9-6. 기계장치 4가지 주석 스타일

이번 실습에서는 오른쪽 마우스 버튼을 이용하여 몇 가지 주석을 입력합니다. '데이터 관리자'와 특성 대화상자를 이용하여 주석을 변경하면 즉시 도면에 반영되어 표시됩니다. 주석을 더블클릭하여 변경도 가능합니다.

1. AutoCAD Plant 3D 2023을 시작합니다.

- Project Manager의 Current Project에서 Open을 클릭합니다.
- 'C:₩Plant Design₩Lesson09' 폴더에서 Project.xml 파일을 선택하고 열기를 클릭합니다.

2. PID002 도면을 엽니다.

- 주석을 오른쪽 마우스 클릭합니다.
- Erase 명령을 이용하여 주석을 삭제합니다.

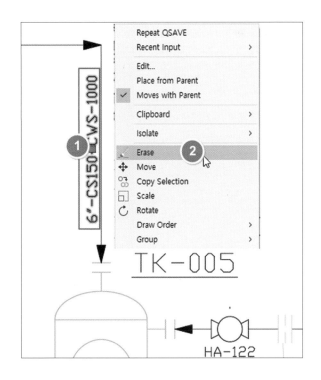

3. 누락 또는 삭제된 태그 정보를 도면에 다음과 같은 방법으로 표시합니다.

- 펌프 심볼을 오른쪽 마우스 클릭하여 Annotate → Tag를 클릭합니다.
- 심볼 오른쪽에 주석 태그를 배치합니다.

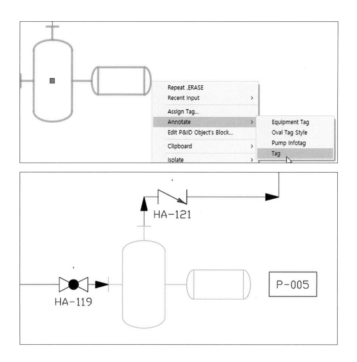

4. 같은 심볼에 다른 주석 태그 표시합니다.

- 펌프 심볼에 오른쪽 마우스 클릭합니다.
- Annotate → Pump Infotag를 클릭합니다.

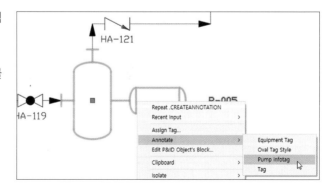

■ 펌프 심볼 아래쪽에 주석 태그를 배치합니다.

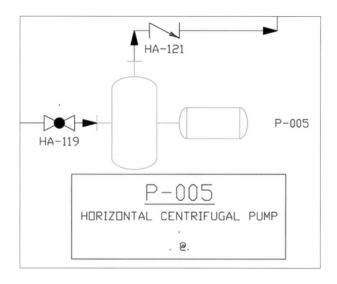

5. Pump Infotag 정보를 편집합니다.

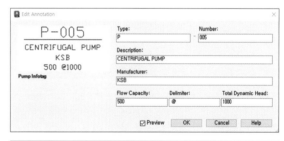

■ Pump Infotag 주석을 더블클릭합니다.

■ 'Edit Annotation' 대화상자의 Descrip-
tion에 CENTRIFUGAL PUMP를 입력합
니다.

■ Manufacturer에 KSB를 입력합니다.

■ Flow Capacity에 500을 입력합니다.

■ Total Dynamic Head에 1000을 입력합
니다.

■ OK를 클릭합니다.

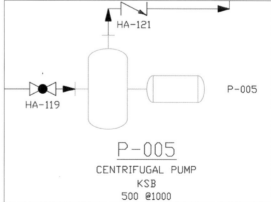

6. 밸브에 태그를 표시합니다.

- Centrifugal Pump P-005 왼쪽 밸브를 오른쪽 마우스 클릭합니다.

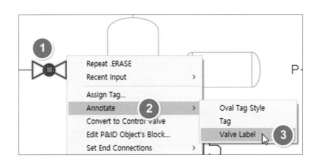

- Annotate → Valve Label 선택하여 태그를 배치
  합니다.

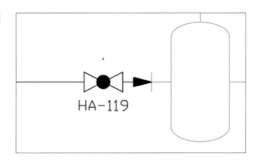

7. 배관 라인넘버 태그를 표시합니다.

- Tank TK-005 위의 배관라인을 오른쪽
  마우스 클릭합니다.
- Annotate → Pipeline Tag을 선택합니다.

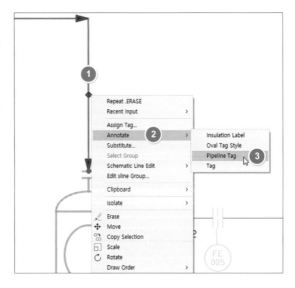

■ 배관라인 중간에 태그를 배치합니다.

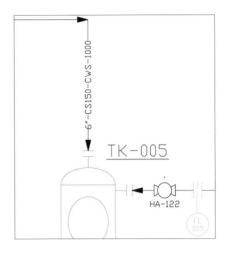

8. 배관라인 중간에 있는 태그를 클릭한 후 중앙 노드를 드래그하여 이동할 경우, 쉽게 이동할 수 있으며 끊겨있던 배관라인은 자동으로 다시 결합됩니다.

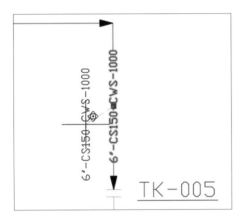 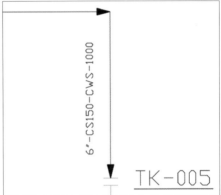

9. '데이터 관리자'를 이용하여 데이터를 확인합니다.

■ 리본 메뉴에서 'Home → Project → Data Manager'를 클릭합니다.

- 데이터 관리자의 트리구조에서 Equipment를 클릭합니다.

- 오른쪽 목록에서 'P-005'의 내용을 확인합니다.

10. '데이터 관리자'에서 CENTRIFUGAL PUMP를 클릭하고 도면으로 드래그하여 주석을
펌프 주변에 배치합니다.

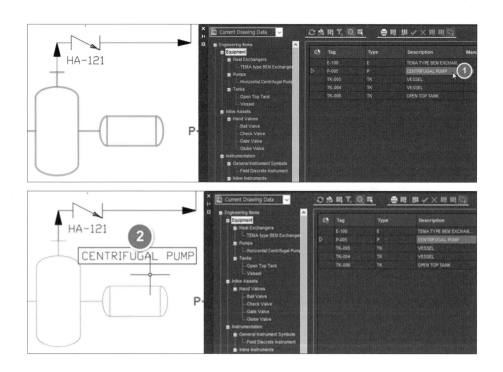

11. 도면을 저장하고 닫습니다.

■ **학습목표**

- 라인 중간에 세그먼트 배치하기
- 분리되어있는 복수의 배관라인 연결하기
- P&ID 도면에서 라인 중간에 GAP 표현하기
- 그립점과 AutoCAD 기능을 이용하여 라인 편집하기
- 심볼 교체하기 및 수정하기
- 배관라인 흐름 변경하기

기본적인 라인 편집

AutoCAD P&ID 라인은 AutoCAD의 기본적인 기능으로 편집 가능합니다. P&ID 라인을 선택하면 특정한 지점에 그립이 표시됩니다. 이 그립점은 라인을 편집하는 데 사용할 수 있습니다.

만약 라인 끝점의 위치를 변경해야 한다면, 라인 끝의 그립점을 클릭하여 다른 위치에 클릭합니다. 라인의 끝점이 탱크에 연결된 경우 자동으로 노즐이 배치됩니다. 반대로 탱크에 연결되어있던 라인을 분리하면 노즐이 삭제됩니다.

라인을 평행하게 이동하려면 라인을 선택하여 중간점을 이동하면 됩니다. 라인은 AutoCAD 명령어인 이동, 복사, 스트레칭 기능으로도 편집이 가능합니다.

만약 탱크를 이동하면 탱크에 연결되어있는 라인도 따라서 움직입니다. 심볼을 복사하면 태그 번호의 끝에 물음표(?)가 생성되어 복사됩니다. 복사 완료 후, 태그 번호를 변경해야 됩니다. 다음 단계에서 라인의 그립을 이용하여 기본적인 편집을 합니다.

■ 라인을 왼쪽 마우스 클릭하면 그립이 나타납니다.

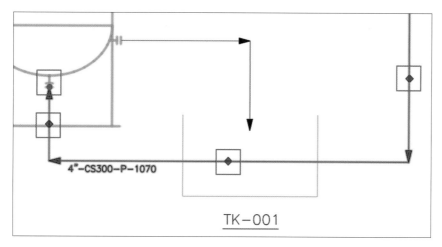

그림 10-1. 배관라인의 그립

■ 라인 끝의 그립을 왼쪽 마우스 클릭하고 아래로 이동하여 새로운 위치에 클릭하면, 탱크의 Nozzle이

자동으로 삭제됩니다.

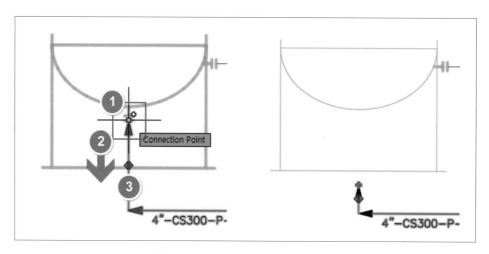

그림 10-2. 그립을 이용하여 기기에서 배관 분리하기

■ 라인의 중간 그립을 왼쪽 마우스 클릭하고 라인 세그먼트를 아래로 이동하여 새로운 위치에 클릭합니다.

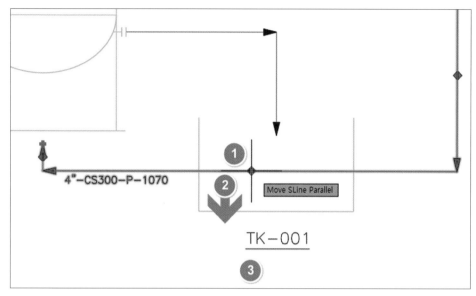

그림 10-3. 그립을 이용하여 배관라인 이동하기

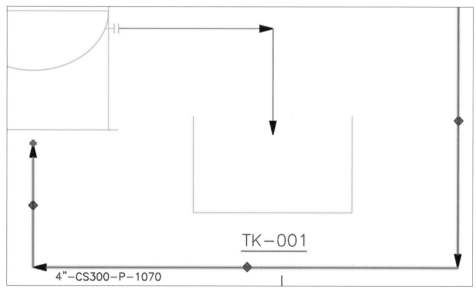

그림 10-4. 배관 이동 완료

- 연결되지 않은 라인 끝의 그립을 왼쪽 마우스 클릭하여 탱크에 연결합니다. 끝점이 탱크에 연결되면 노즐이 자동으로 생성됩니다.

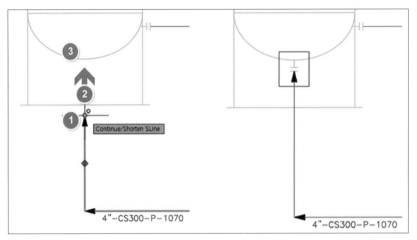

그림 10-5. 배관 그립 이용하여 기기에 연결하기

라인 모서리 추가

도면에 그려진 배관라인을 변경할 경우가 종종 발생합니다. 하나의 세그먼트로 이루어진 라인에 모서리를 추가하여 여러 개의 세그먼트로 분리할 수 있습니다. 변경할 라인을 오른쪽 마우스 클릭하여 'Apply Conner' 명령을 적용합니다. 'Apply Corner' 명령을 입력하면 라인에 모서리를 추가할 수 있습니다. 아래 그림은 심볼 주변으로 배관라인에 모서리 점을 추가하여 배관라인을 변경하는 것을 보여줍니다.

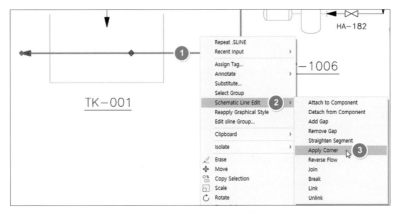

그림 10-6. Apply Corner 명령어

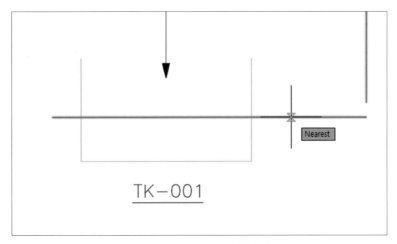

그림 10-7. Corner 적용할 지점 클릭

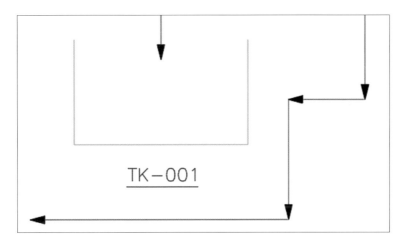

그림 10-8. Corner 적용 완료

라인 연결

하나의 동일한 라인 번호는 한 줄로 연결하지만, 공간 제한 및 여러 가지 구성요소로 인해 연속으로 표시할 수 없을 때 연결 기능을 사용합니다. 라인을 연결하기 위해서, Link 명령어를 실행하고 연결할 라인을 선택해야 됩니다. 라인이 연결되면 데이터도 같이 연결됩니다. 그림에서 왼쪽은 라인이 연결되지 않아 태그 데이터가 모두 물음표로 나오며, 오른쪽에는 다른 라인과 연결되어 데이터가 있습니다. 새로 연결한 이후 기존 라인과 연결이 되어 데이터가 일치하는 것을 볼 수 있습니다.

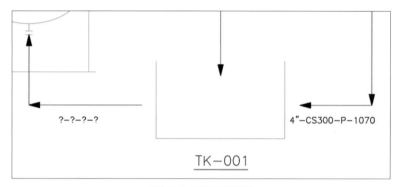

그림 10-9. 분리된 배관라인

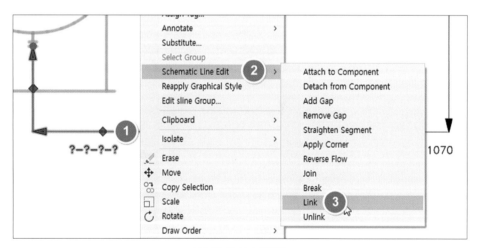

그림 10-10. Link 명령어

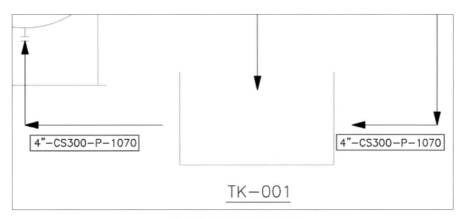

그림 10-11. 분리된 라인 Link로 연결

라인 갭

P&ID 도면은 매우 혼잡할 수 있습니다. 때때로 다른 라인과 서로 교차될 수도 있습니다. 그때는 데이터의 정보는 유지하면서 라인을 끊어 'Gap'을 표시할 수 있습니다. 'Gap' 명령을 사용하여, 원하는 위치의 시작점과 끝점에 'Gap'을 지정할 수 있습니다. 라인 'Gap'의 시작점과 끝점에는 라인의 일부라는 것을 알리기 위해 기호가 표시됩니다.

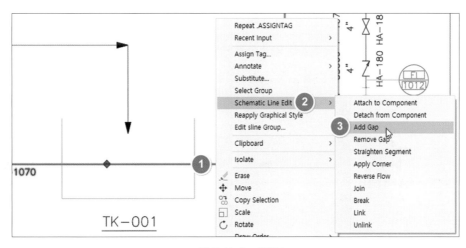

그림 10-12. Gap 명령어

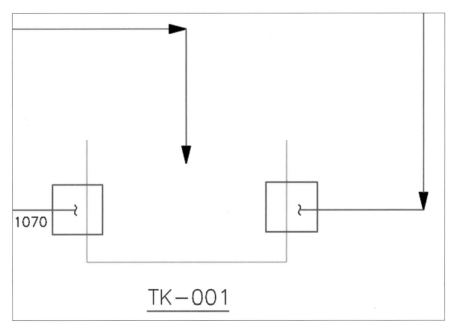

그림 10-13. Gap 적용

심볼 대체

도면에 심볼을 입력하고 추후에 그 심볼을 다른 유사한 심볼로 교체할 수 있습니다. 심볼을 선택하면 오른쪽 하단에 대체 기능을 하는 화살표 그립이 표시됩니다. 밸브를 왼쪽 마우스 클릭하여 오른쪽 하단의 화살표 그립을 이용하면 다른 유사한 종류의 심볼로 바로 대체가 가능합니다. 밸브 외에도 기기, 계장 심볼 등도 심볼 대체 기능을 사용할 수 있습니다.

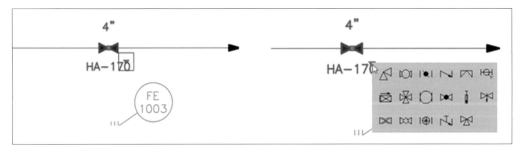

그림 10-14. 심볼 대체 그립

흐름 방향 화살표(Flow)

배관라인은 흐름 방향을 위하여 화살표가 최초 그리는 방향으로 그려집니다. 하지만 배관라인의 흐름 방향을 'Reverse Flow' 명령어로 언제든지 수정할 수 있습니다. 심볼 중에서 체크밸브와 같이 방향성을 갖는 심볼도 배관라인 흐름 방향의 영향을 받습니다.

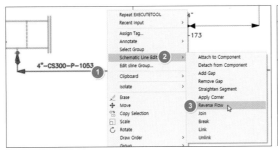

그림 10-15. Reverse Flow 명령어

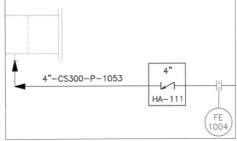

그림 10-16. 배관라인 흐름 방향과 체크밸브 방향

> ☑ TIP
>
> 하나의 명령을 실행한 후, 동일한 명령을 반복할 때는 Enter 키를 누르면 똑같은 명령이 다시 시작됩니다.

이번 실습에서는 특정한 P&ID 기능 및 AutoCAD기능을 사용하여 P&ID에 배치했던 심볼들을 수정하는 방법을 연습합니다.

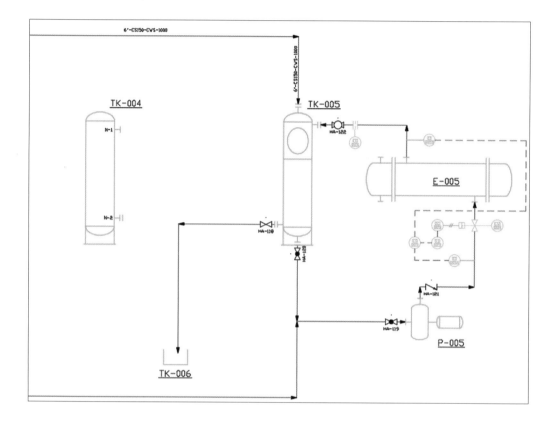

1. AutoCAD Plant 3D 2023을 시작합니다.

- Project Manager의 Current Project에서 Open을 클릭합니다.
- 'C:₩Plant Design₩Lesson10' 폴더에서 Project.xml 파일을 선택하고 열기를 클릭합니다.

2. PID002 도면을 엽니다.

3. 배관 수평 라인을 이동합니다.

- Tank TK-004 위의 6" 배관을 선택합니다.

- 배관 가운데 다이아몬드 형상의 그립점을 클릭하여 위로 이동하여 배치합니다.

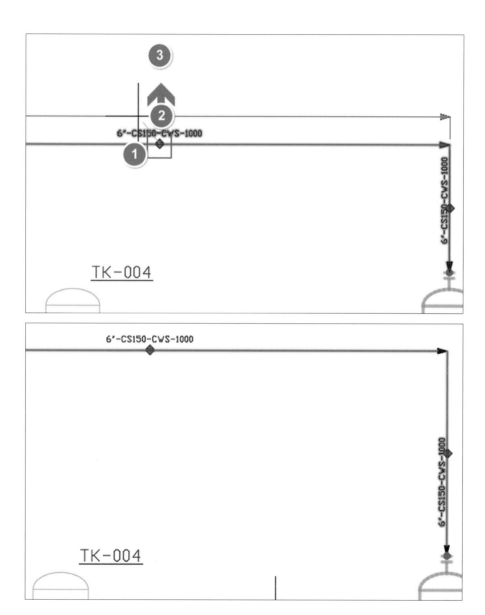

4. 배관라인의 길이를 변경합니다.

- 라인의 왼쪽 세그먼트 끝점 '+' 그립을 클릭합니다.
- 오른쪽으로 커서를 이동하여 라인 끝점의 위치를 클릭합니다.

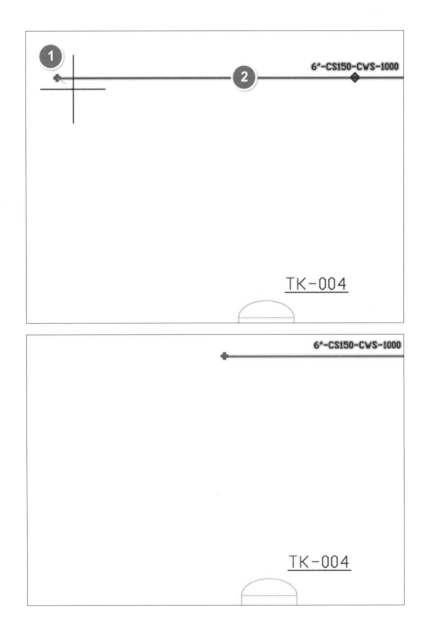

5. 열려있는 끝점에 세그먼트를 추가합니다.

- 같은 배관라인의 끝점을 클릭합니다.

- 위쪽 방향으로 이동하여 클릭합니다.

- 왼쪽 방향으로 이동하여 클릭합니다.

- 오른쪽 마우스 클릭하여 Enter를 선택하고 세그먼트를 종료합니다.

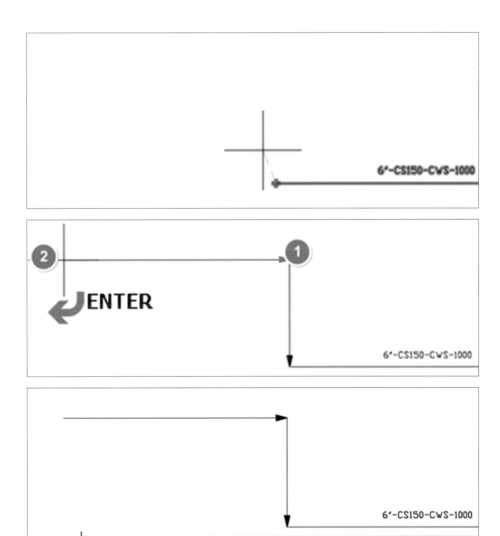

6. 배관라인을 분리합니다.

- Tank TK-005에 연결된 6" 배관을 선택합니다.

- Nozzle의 동그란 그립점을 클릭합니다.

- 그립점을 위쪽으로 이동하여 클릭합니다. Nozzle이 더 이상 탱크에 표시되지 않습니다.

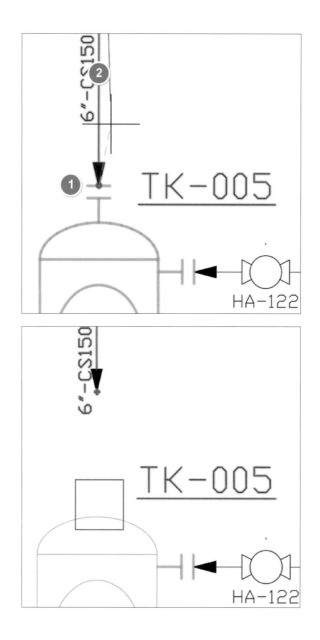

7. 배관라인을 탱크에 다시 연결합니다.

- 6" 라인의 끝점을 다시 선택합니다.

- 탱크에 연결합니다. Nozzle이 다시 자동으로 표현됩니다.

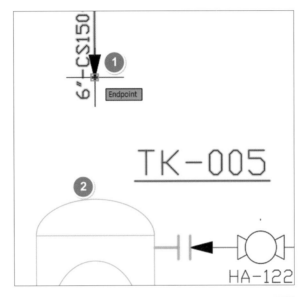

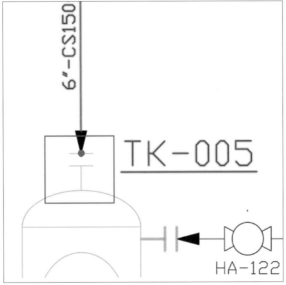

8. 배관라인의 모서리 점을 제거하려면 왼쪽 라인 중간 그립점을 선택합니다. 그립점을 드래그하여 옆의 라인과 같은 높이로 맞춰줍니다.

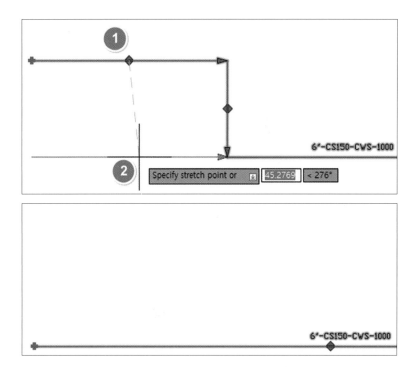

9. 직선 배관라인에 모서리를 추가합니다.

- TK-005 위쪽에 연결된 배관을 선택합니다.
- 오른쪽 마우스 클릭하여 'Schematic Line Edit → Apply Corner' 선택합니다.
- 수평 세그먼트의 점을 클릭합니다.
- 선택한 점 아래의 공간을 클릭합니다.
- 우측 수직 라인의 한 부분을 클릭합니다.

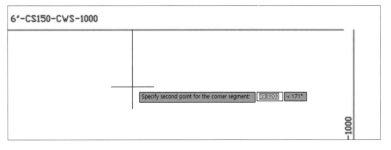

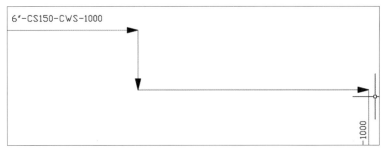

10. Heat Exchanger E-100 우측 'Electrical Line'의 수직 중간 그립점을 이동하여 그림과 같이 'Heat Exchanger' 중간에 배치합니다.

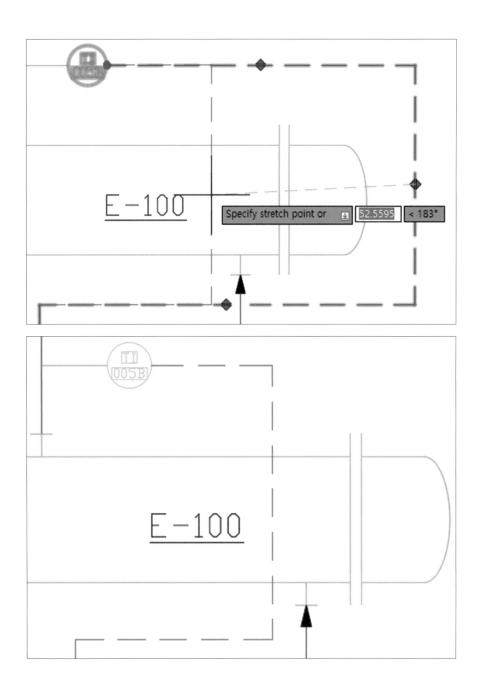

11. 라인에 'Gap'을 생성합니다.

- 'Electrical Line'을 오른쪽 마우스 클릭합니다.

- Schematic Line Edit → Add Gap 선택합니다.

- Heat Exchanger 밖으로 두 점을 지정하여 Gap을 만듭니다.

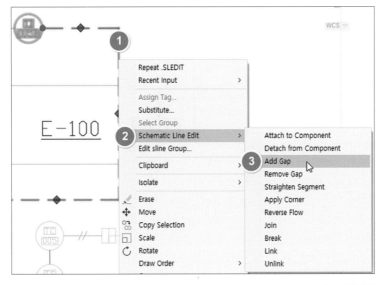

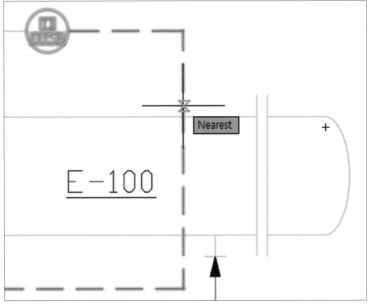

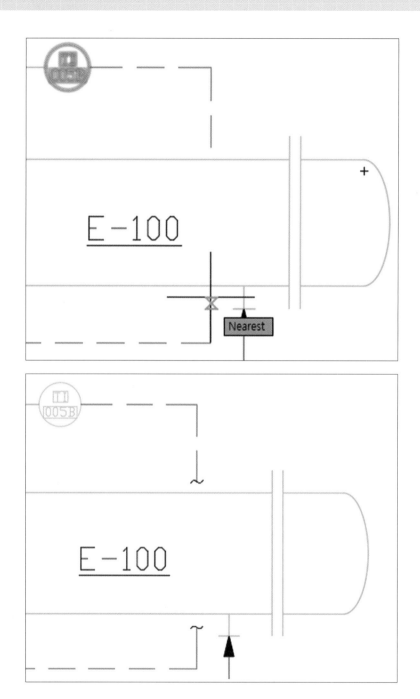

플랜트 설계용 AutoCAD P&ID Plant 3D 입문 실습

12. 라인 정보가 부여된 라인과 라인 정보가 없는 두 개의 배관라인을 연결합니다.

- Heat Exchanger E-100 위 배관라인을 오른쪽 마우스 클릭합니다.

- Schematic Line Edit → Link 클릭합니다.

- Heat Exchanger E-100 아래 배관라인을 선택합니다.

- Yes를 선택하면 라인 정보가 동일한 한 개의 배관라인으로 논리적 연결이 됩니다.

- 위 라인의 배관라인 번호와 밸브 사이즈가 자동으로 업데이트되는 것을 확인합니다.

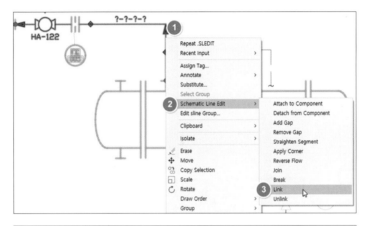

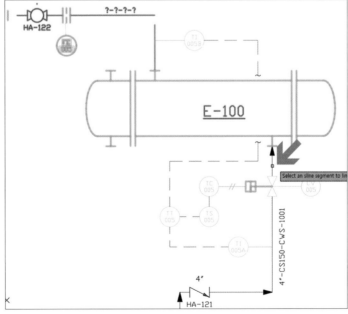

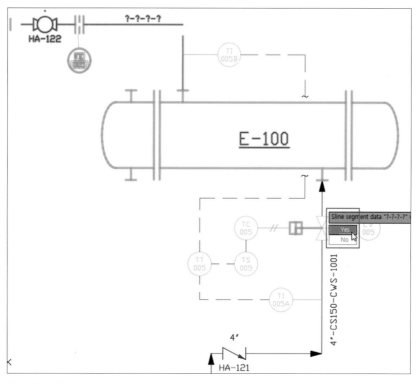

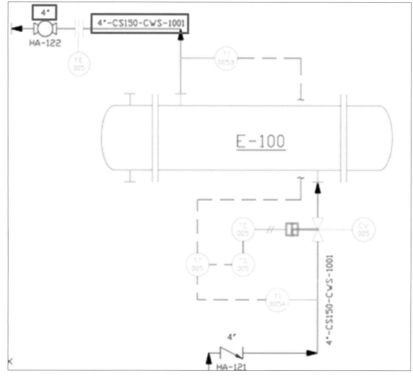

13. 도면에 배치된 P&ID 심볼을 교체합니다.

- P-005 왼쪽에 있는 Globe Valve HA-119를 클릭합니다.

- 오른쪽 하단의 화살표 그립을 클릭합니다.

- 대체할 수 있는 심볼 목록에서 'Ball Valve'를 선택합니다.

- 그림과 같이 밸브가 업데이트됩니다.

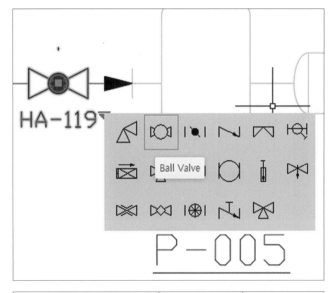

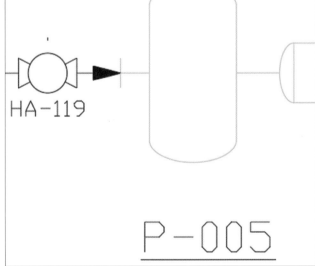

14. AutoCAD 기능을 이용하여 P&ID 심볼을 복사합니다.

- Copy 명령어를 Command 창에 입력합니다.

- TK-004를 클릭하여 선택합니다. 선택 완료를 위해 Enter 키를 누릅니다.

- Base Point로 탱크 아래의 Midpoint를 클릭하고, Second Point로 좌측 빈 공간을 클릭합니다.

- 왼쪽 공간에 새로운 Tank를 복사됩니다. Copy 명령어를 종료하기 위해 Esc 키를 누릅니다.

- 탱크가 복사되고, 태그 번호 'TK-004?'에 '?'가 있는 것을 확인합니다.

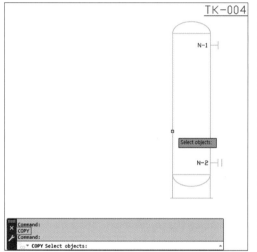

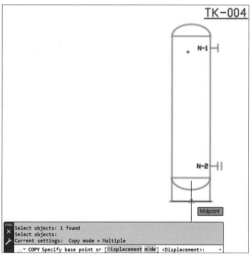

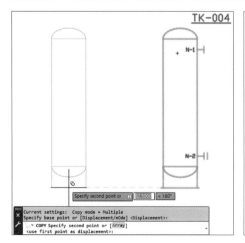

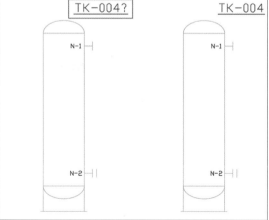

15. 태그 정보를 업데이트합니다.

- 새롭게 복사한 Tank를 오른쪽 마우스 클릭합니다.
- Assign Tag를 선택합니다.
- Assign Tag 대화상자에서 Number 필드 끝부분의 다음 번호 버튼을 클릭합니다.
- 입력 가능한 번호가 순차적으로 자동 입력되는데, 여기에서는 007이 입력됩니다. 다른 번호를 직접 입력할 수 있습니다.
- Assign 버튼을 클릭합니다. 새로운 태그 번호 TK-007로 변경된 것을 확인합니다.

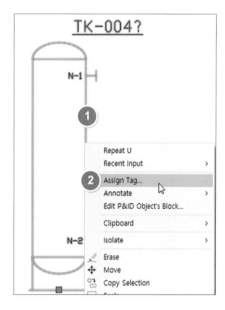

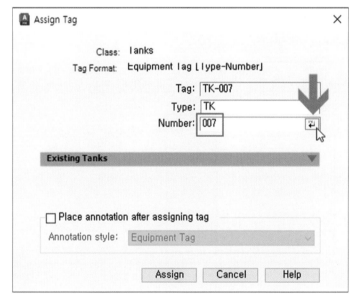

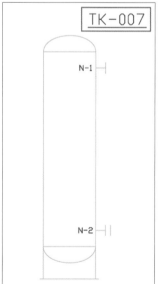

16. P&ID 심볼을 이동합니다.

- AutoCAD Move 명령어를 입력합니다.

- 두 개의 탱크를 선택합니다.

- 그림과 같이 왼쪽으로 이동합니다.

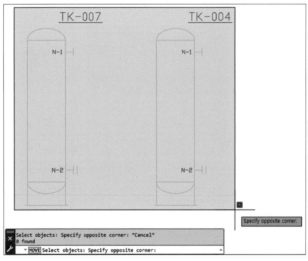

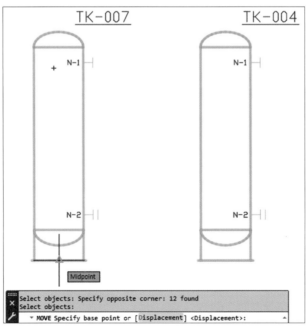

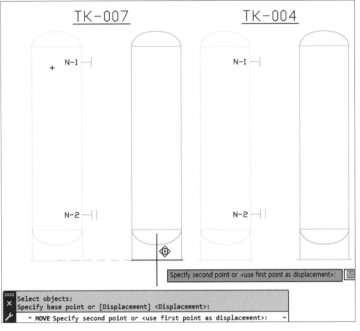

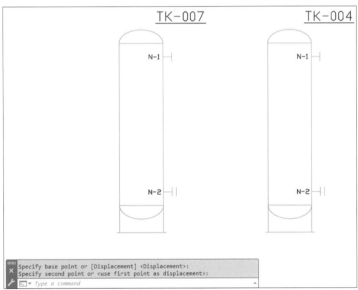

17. 도면을 저장하고 닫습니다.

데이터 관리 및 보고서 작성하기

■ 학습목표

- 데이터 관리자에서 사용할 수 있는 P&ID 데이터의 다양한 유형 이해하기

- 데이터 관리자의 여러 부분을 이해하고 다양한 정보를 탐색하기

- 도면, 프로젝트 및 보고서 데이터 활용하기

- 프로젝트 데이터 엑셀로 내보내기(EXPORT)

- 프로젝트 데이터를 엑셀에서 가져오기(IMPORT)

데이터 관리자(Data Manager)

일반적으로 P&ID 도면은 많은 데이터가 필요합니다. 도면에 모든 정보를 표시할 수 없어서 별도의 문서를 작성하여 P&ID 도면과 함께 사용합니다. AutoCAD P&ID는 많은 정보를 데이터베이스에 저장하여 보관합니다. 이러한 데이터베이스 정보는 필요에 따라서 도면에 표시해주거나, 보고서로 출력하여 활용할 수 있습니다.

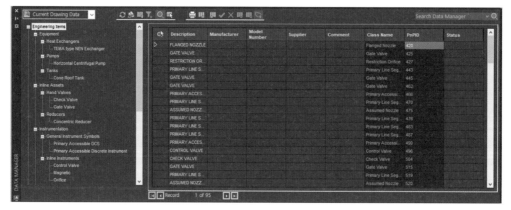

그림 11-1. 데이터 관리자

데이터베이스의 원본은 매우 전문적인 소프트웨어를 이용하여 볼 수 있기 때문에 일반 엔지

니어가 사용하기 어렵습니다. 데이터 관리자(Data Manager)는 엔지니어가 데이터베이스를 쉽게 검색하고 활용할 수 있도록 도와줍니다. 데이터 관리자에서 데이터를 검색하고, 수정하고, 내보내기 등을 수행할 수 있습니다.

데이터 관리자 실행

데이터 관리자를 실행하는 방법은 다음과 같습니다.

■ 리본 메뉴 Home Tab → Project Panel → Data Manager

그림 11-2. 데이터 관리자 실행1

■ 프로젝트 관리자 → 리포트 버튼 → Data Manager

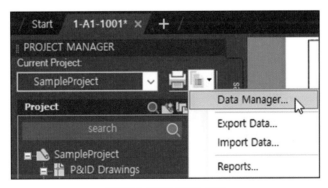

그림 11-3. 데이터 관리자 실행2

■ 프로젝트 관리자 → 특정 폴더 또는 도면 오른쪽 마우스 버튼 → Data Manager

그림 11-4. 데이터 관리자 실행3

■ 명령 창에 DATAMANAGER 명령 입력

그림 11-5. 데이터 관리자 실행4

데이터 관리자 인터페이스

데이터 관리자는 총 4개의 부분으로 이루어져 있습니다.

플랜트 설계용 AutoCAD P&ID Plant 3D 입문 실습

1. 드롭다운 목록: 현재 도면(Current Drawing Data), 전체 프로젝트(Project Data), 프로젝트 보고서(Project Report)를 선택할 수 있습니다.

- 2번째 드롭다운 목록은 P&ID 도면과 Plant 3D 모델일 경우 각각 다르게 표시됩니다. P&ID Project Data와 Plant 3D Project Data로 표시됩니다.
- Plant 3D 데이터가 표시될 때는 데이터 관리자 하단에 Order by Area 또는 Order by Object Type으로 데이터를 정렬할 수 있습니다.

2. 클래스 목록: 일반적인 P&ID 구성요소에 따라 표시되는 데이터를 펼쳐 볼 수 있습니다.

3. 데이터 관리자 툴바: Export, Import, 프린트 등과 비어있는 컬럼 숨기기 등의 작업을 할 수 있는 버튼으로 이루어져 있습니다.

4. 데이터: 도면이나 프로젝트의 데이터들은 컬럼으로 이루어진 전형적인 스프레드시트와 같은 모습으로 구성되어있습니다.

그림 11-6. 데이터 관리자 인터페이스

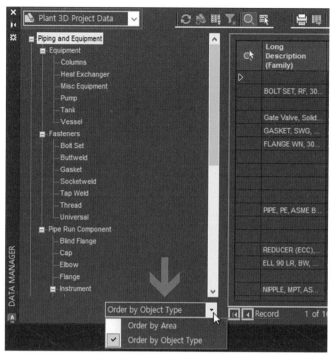

그림 11-7. Plant 3D 트리구조 정렬 옵션

도면, 프로젝트와 보고서 데이터

데이터 관리자는 도면, 프로젝트에 있는
모든 데이터에 대한 정보를 제공합니다.
또한 사용 가능한 다양한 레포트를 이용
하여 Project Data를 보고서로 구성할 수
있습니다. 다음 그림은 Project Reports에
서 선택한 장비 목록을 보여줍니다. 이
데이터는 외부 파일(엑셀, PDF등)로 저
장할 수 있습니다.

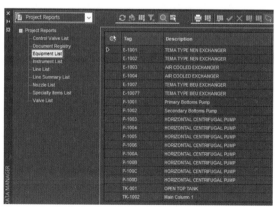

그림 11-8. 데이터 관리자 보고서 목록

프로젝트 데이터 내보내기 Export

다른 사용자 및 여러 가지 다양한 목적을 위하여 데이터 관리자 정보를 공유하기 위해 데이터를 Excel 스프레드시트 또는 CSV 파일로 내보낼 수 있습니다. 다음 그림은 데이터 관리자의 내보내기 버튼을 이용하여 엑셀 스프레드로 저장한 내용입니다.

그림 11-9. 데이터 내보내기 메뉴와 저장된 엑셀 파일

프로젝트 데이터 가져오기 Import

P&ID 데이터는 데이터 관리자의 'Import' 옵션을 사용하여 프로젝트로 가져올 수 있습니다. P&ID 프로젝트로 데이터를 가져오는 이유는 여러 가지가 있습니다. 고객이 디자인을 변경하거나 장비의 스펙을 변경하기 위해 혹은 스프레드시트에 데이터를 추가하고 수정하는 것이 더 쉽기 때문입니다.

데이터를 가져올 때 데이터 관리자의 각 열의 이름과 워크시트의 열과 속성, 이름이 일치하는 것이 중요합니다. 따라서 현재 데이터를 스프레드시트로 저장하고, 저장한 파일을 이용하여 편집하는 것이 좋습니다.

그림 11-10. 데이터 불러오기 메뉴

이번 실습에서는 데이터 관리자를 사용하여 컬럼의 순서를 조정하고 원하는 데이터를 필터링하며 엑셀 시트로 데이터를 내보내 수정하고, 다시 수정된 데이터를 가져오는 것을 연습합니다.

1. AutoCAD Plant 3D 2023을 시작합니다.

■ Project Manager의 Current Project에서 Open을 클릭합니다.

■ 'C:\Plant Design\Lesson11' 폴더에서 Project.xml 파일을 선택하고 열기를 클릭합니다.

2. PID002 도면을 엽니다.

3. 데이터 관리자를 열기 위해, 리본 메뉴의 Home 탭에서 Data Manager를 클릭합니다.

4. 프로젝트 데이터를 살펴봅니다.

■ 데이터 관리자에서 Current Drawing Data 옆의 화살표 부분을 클릭합니다.

■ 목록에서 P&ID Project Data를 선택합니다.

5. 프로젝트 내의 모든 Equipment에 대해 보려면, 왼쪽 트리구조에서 Equipment 클릭합니다.

6. Project Reports의 데이터를 확인해봅니다.

- Project Reports를 선택합니다.
- 보고서 목록 중에서 Valve List를 선택합니다.

7. Data Manager 목록 중에서 Current Drawing Data를 선택합니다.

8. 데이터 관리자를 이용해 데이터를 추가합니다.

- 객체 클래스 중에서 Equipment를 클릭합니다.
- TK-007의 Comment 컬럼을 더블클릭하여 On Site라고 입력합니다.
- TK-006의 Comment 컬럼을 더블클릭하여 In Transit이라고 입력합니다.

9. 데이터가 많은 경우 원하는 데이터를 필터링하여 찾습니다.

- 데이터 관리자에서 Type 컬럼 중 TK로 설정된 정보만 찾고자 합니다.
- TK가 입력되어있는 셀을 선택합니다.
- 오른쪽 마우스 클릭 후 Filter By Selection 선택합니다.

- Type이 TK인 Equipment들만 필터링되어 보여줍니다.

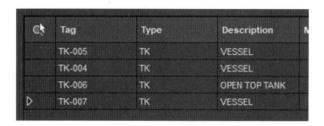

10. Filter를 없애고 싶으면 아무 셀이나 선택 후, 오른쪽 마우스 클릭하여 Remove Filter를 선택합니다.

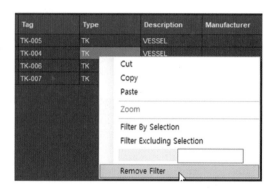

11. 특정 값을 선택 후, 특정 값이 포함된 레코드 이외의 데이터만 필터링할 수 있습니다.

- Type이 TK로 된 셀을 선택합니다.
- TK를 오른쪽 마우스 클릭하여 Filter by Excluding Selection을 선택합니다.
- 데이터를 확인 후, 필터를 제거합니다.

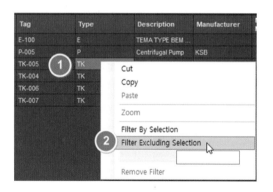

12. 데이터 내보내기 Export 기능을 사용해봅니다.

- 데이터 관리자 툴바에서 Export 버튼을 클릭합니다.
- Export Data 대화상자에서 Select export settings 부분의 Displayed Data를 선택합니다.

- Include child nodes에서 Active node only를 선택합니다.

- Browse 버튼을 클릭하면, 파일 저장 폴더, 파일 이름, 파일 타입 등을 선택할 수 있습니다. 여기에서는
  자동으로 설정된 폴더와 파일 이름을 그대로 사용합니다.

- 대화상자에서 OK를 클릭합니다.

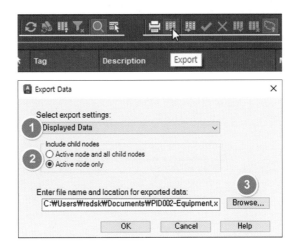

13. 파일이 저장된 폴더로 이동하여 저장된 엑셀 파일 'PID002-Equipment.xls'를 엽니다. 엑셀 파일을 편집합니다.

- Tag 컬럼에서 TK-007을 TK-008로 변경합니다.

- Tag 컬럼 중 E-100과 P-005의 Comment 컬럼을 In Transit으로 수정합니다.

- TK-006의 Comment 컬럼을 On Site로 수정합니다.

- Excel 파일을 저장합니다.

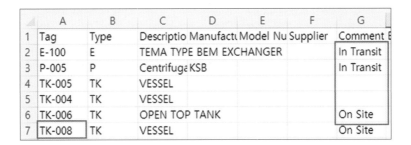

14. 수정된 Excel 파일을 데이터 관리자에서 Import합니다.

■ 데이터 관리자 툴바에서 Import 버튼을 클릭합니다.

■ 로그 파일 관련 대화상자가 나오면 OK를 클릭합니다.

■ 파일 탐색기 창에서 수정한 Excel 파일을 찾아서 Open을 클릭합니다.

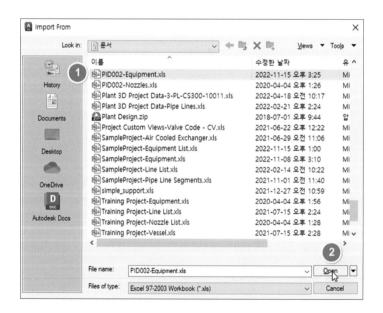

■ Import Data 대화상자가 나오면 OK를 클릭합니다.

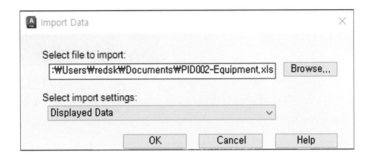

15. 데이터 관리자에서 변경된 데이터가 있는 셀이 노란색으로 표시됩니다. 맨 왼쪽 열에서 노란색이 표시된 이유는 해당 레코드에 최소한 1개의 셀에서 수정되어 입력된 정보가 있다는 표시입니다. 도면에는 해당하는 아이템에 붉은색 클라우드 마크가 생깁니다.

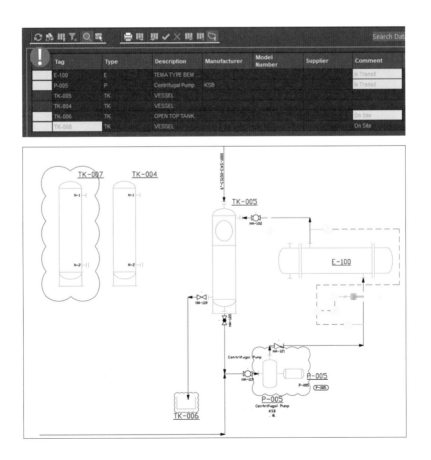

16. 변경된 Tag 컬럼의 TK-008 셀의 맨 왼쪽 셀에 마우스를 가져가면 돋보기가 생기고, 클릭하면 도면상에서 해당 아이템이 있는 부분을 줌인해서 보여줍니다. 데이터 관리자의 노란색 셀에서는 TK-008이지만, 도면에는 붉은색 클라우드 마크와 함께 아직 TK-007로 표기되어있습니다.

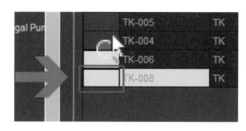

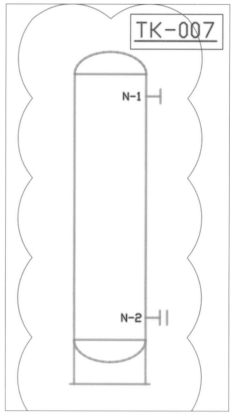

17. 데이터 관리자에서 변경된 TK-008 부분에 커서를 옮기면 'Old Value: TK-007'이라고 나옵니다.

플랜트 설계용 AutoCAD P&ID Plant 3D 입문 실습

18. 변경된 데이터를 승인합니다.

- 데이터 관리자의 Tag 컬럼에서 TK-008 셀을 오른쪽 마우스 클릭합니다.

- Accept Edit을 클릭합니다.

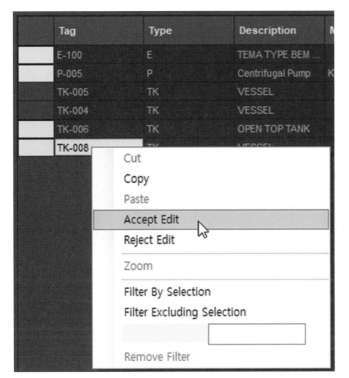

- 데이터 관리자와 도면의 변경된 내용을 확인합니다.

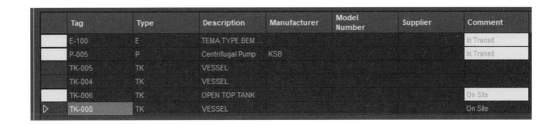

19. 외부에서 수정한 데이터가 있는 엑셀 파일을 Import할 때, 일단 데이터 관리자에서 노란색으로, 도면에서는 붉은 클라우드 마크로 변경 예정인 데이터를 표시해줍니다. 변경될 데이터를 하나씩 승인(Accept)할 수 있으며, 모든 변경을 동시에 승인(Accept All)할 수 있습니다.

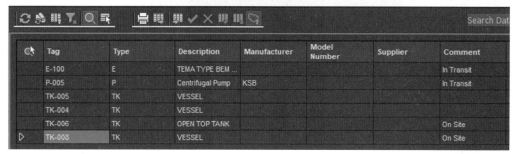

20. 도면을 저장하고 닫습니다.

도면 연결 심볼 관리하기

■ **학습목표**

- 도면 연결 심볼(OPC, Off Page Connector)의 목적 이해하기

- 도면에 OPC 배치하기

- OPC 연결하기

- 프로젝트에서 OPC 제거하기

- 데이터 관리자에서 OPC 변경사항 확인하기

OPC의 목적

P&ID 도면이 여러 장에 분산되어있으므로 OPC를 이용해 한 도면에서 다른 도면으로 연결하는 것이 중요합니다. OPC는 다른 페이지로 향하는 라인의 끝부분에 배치되는 심볼입니다. 다른 도면에 연결된 라인과 같이 연결하는 작용을 하게 됩니다. 다음 그림은 OPC의 예를 보여줍니다. 두 라인의 데이터는 두 개의 도면에서 서로 일치합니다.

그림 12-1. OPC 연결된 다른 도면의 배관라인

OPC 심볼 배치하기

OPC 심볼은 P&ID 도면에 다른 심볼을 배치하는 것과 동일한 방법으로 사용됩니다.

■ Non-engineering 도구 팔레트에서 'Off Page Connectors and Tie-In Symbol' 부분의 'Off Page

Connector'를 선택합니다.

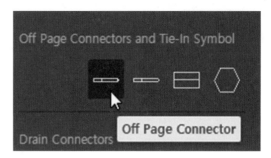

그림 12-2. 도구 팔레트 OPC 심볼

- 라인의 끝부분을 클릭하여 OPC를 배치합니다.

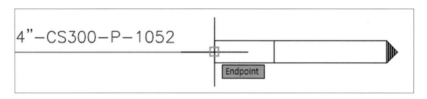

그림 12-3. 배관라인 끝에 OSNAP으로 클릭

그림 12-4. 배관라인 FLOW 방향에 맞추어 OPC 자동 배치

OPC 연결하기

도면에 OPC를 배치하면 다른 OPC와 연결이 되어야 합니다. 일반적으로는 다른 도면이 될
것입니다. 그러나 같은 도면 내에서도 라인의 물리적 연결이 어려울 경우에 사용할 수 있습니
다.

- OPC를 클릭합니다.
- OPC 끝부분의 십자 표시를 클릭하여 'Connect To'를 클릭합니다.

■ 'Create Connection' 대화상자가 표시됩니다. 'Select Offpage Connector to Connect to:'에서 선택된
도면의 기존 OPC 목록 중에서 연결을 선택할 수 있습니다.

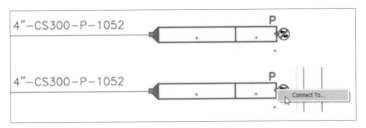

그림 12-5. OPC 연결하기

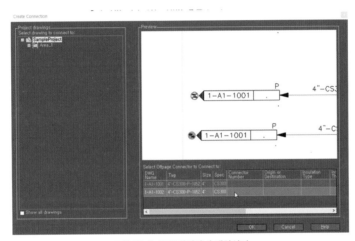

그림 12-6. OPC 연결하기 대화상자

그림 12-7. 배치된 OPC가 다른 OPC와 연결 완료된 상태

OPC 삭제

프로젝트에서 OPC를 제거하기 위해서 AutoCAD에서 일반 객체를 Delete하는 방법을 사용
합니다. AutoCAD P&ID는 선택된 OPC를 제거하면 도면이 업데이트된 것을 알려줍니다.

데이터 관리자 편집과 OPC

OPC에 표기되는 데이터들은 연결된 라인 정보에서 제공됩니다. 이 라인의 태그 정보를 편집하는 경우, OPC의 정보 또한 자동으로 업데이트됩니다. 데이터 관리자를 사용하여 편집하는 경우도 마찬가지입니다. 데이터 관리자를 이용해 라인 데이터를 수정하게 되면 본질적으로 OPC를 직접 편집하는 것과 같습니다.

이번 실습에서는 여러 개의 OPC를 신규 도면과 기존 도면에 배치하고 연결합니다. 속성 대화상자와 데이터 관리자를 이용하여 커넥터에 정보를 추가합니다. OPC를 이용하여 다른 배관라인으로 이동할 수 있습니다.

1. AutoCAD Plant 3D 2023을 시작합니다.

- Project Manager의 Current Project에서 Open을 클릭합니다.
- 'C:₩Plant Design₩Lesson12' 폴더에서 Project.xml 파일을 선택하고 열기를 클릭합니다.

2. PID001 도면과 PID002 도면을 함께 열고 OPC 연결 작업을 시작합니다.

3. PID002 도면에 배관라인을 다음과 같이 만듭니다.

- 도구 팔레트에서 Lines 탭을 클릭합니다.
- Pipe Lines에서 Primary Line Segment를 클릭합니다.
- TK-008에 그림에 보이는 것처럼 2개의 라인을 배치합니다.

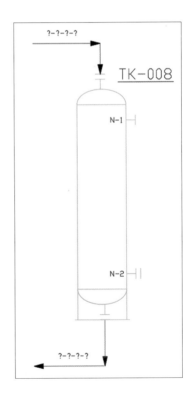

4. 툴 팔레트에서 Non-Engineering 탭을 클릭하여 OPC를 배치합니다.

■ Non-Engineering 탭에서 'Off Page
Connectors and Tie-In Symbols' 안의 Off
Page Connector 심볼을 클릭합니다.

■ 새로 만들어진 2개의 라인 끝부분에 OPC
를 배치합니다. OPC 좌측 붉은색 아이콘은
OPC가 다른 OPC에 연결되지 않은 상태라
는 것을 알려줍니다.

■ 위쪽의 Off Page Connector를 선택하고
커넥터 끝부분의 십자 표시를 클릭합니다.

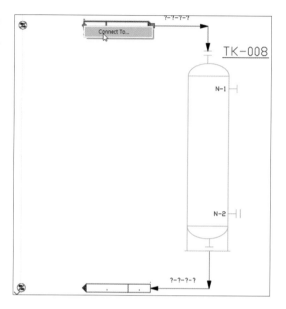

■ Connect To를 클릭하면 Create Connection이 나타납니다.

■ Create Connection에는 PID001 도면에 연결이 가능한 OPC 목록을 Preview와 함께 표시해줍니다.

■ 6"-CS150-CWR-2002를 선택하고 OK를 클릭합니다.

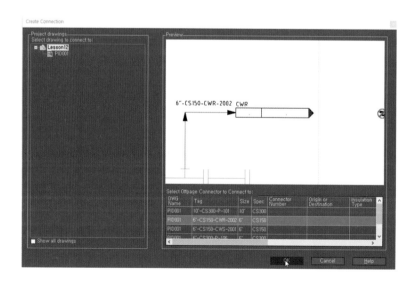

■ TK-008의 아래쪽 OPC도 앞과 같은 방법으로 6"-CS150-CWR-2001을 선택하고 OK를 클릭합니다.

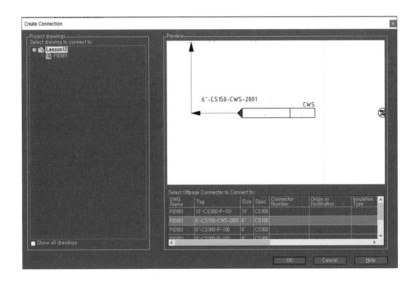

5. OPC의 연결을 확인합니다.

■ PID002 도면에서 다음과 같이 붉은색 아이
콘이 녹색 아이콘으로 변경되고, 라인 태그
정보가 PID001 도면의 연결된 라인 속성으
로 업데이트된 것을 확인합니다.

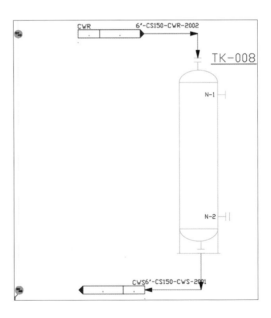

6. OPC가 연결된 도면을 자동으로 찾아서 열어봅니다.

- 위쪽의 OPC를 선택한 후, 끝의 점을 클릭합니다.
- Open Connected DWG를 클릭합니다.
- PID001 도면이 열리고 연결된 OPC로 줌인이 됩니다.

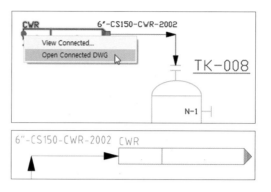

7. 데이터 관리자에서 OPC의 정보를 확인합니다.

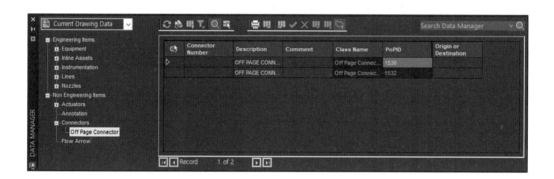

8. OPC를 삭제합니다.

- PID002 도면에서 방금 생성한 OPC를 오른쪽 마우스 클릭하여 Erase를 선택합니다.
- OPC가 삭제됩니다.
- 다른 심볼들과 마찬가지로 Delete 명령어 또는 Delete 키를 눌러서 삭제할 수 있습니다.

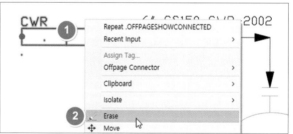

9. 저장하고 모든 파일을 닫습니다.

 **제2장 Summary**

제2장에서는 AutoCAD P&ID 설계를 위한 2D 배관과 계장 다이어그램 생성, 변경, 관리에 대한 내용을 배웠습니다. 도면에 심볼 배치, 라인 배치 및 수정, 흐름 방향 설정, 태그와 주석 배치 방법을 배웠습니다. 제2장을 완료하고 나면 다음과 같은 작업을 할 수 있습니다.

- 도면 생성, 기존 도면 연결, 다른 프로젝트에서 복사하여 프로젝트에 도면 추가하기
- 장비 배치, 태그 설정, 기존 설정 타입 확인, 노즐 배치와 같은 심볼 변경하기
- 장비에 배관라인 연결, 배관라인 그룹 및 세그먼트, 라인에 태그와 정보 할당, 라인에 심볼 배치 또는 제거하기
- 인라인과 일반 계장 배치 및 계장라인 연결하기
- 주석 배치 및 속성 수정하기
- AutoCAD P&ID의 Sline Grips을 이용해 생성된 P&ID 수정하기
- 심볼의 이동, 복사, 교체하기
- 데이터 관리자에서 데이터 검색 활용하기 및 내보내기와 가져오기를 통한 데이터 변경하기
- OPC 배치와 OPC 도면 연결하기

제3장

AutoCAD Plant 3D

개요

'그림 1-1'의 3D 프로젝트 작업 프로세스를 상기해봅니다. AutoCAD Plant 3D에서 품질 높은 설계를 하고 설계 데이터를 생성하고, 품질 높은 산출물을 자동 산출 또는 활용하려면, 프로젝트에 필요한 기본 데이터가 구축되어있어야 합니다.

AutoCAD Plant 3D의 기본 기능은 기계장치, 철골, 배관 디자인입니다. 기계장치류 모델링은 파라메트릭(Parametric) 방식의 템플릿이 있습니다. 기계장치류 모델링은 다양한 방식으로 할 수 있지만, 노즐의 정확한 위치와 노즐 스펙 정보가 매우 중요합니다. 철골 모델링은 철골 카탈로그 표준이 준비되어야 합니다. 배관 모델링은 카탈로그와 스펙이 준비되어야 합니다.

AutoCAD Plant 3D는 프로젝트 환경에서 복수의 엔지니어가 협업하게 되어있습니다. 물론 소형 프로젝트에서는 1인의 엔지니어가 프로젝트 전체 모델링을 하는 경우도 있습니다. 여기에서 중요한 것은 AutoCAD Plant 3D는 프로젝트 셋업을 통하여 다양한 설정 정보를 이용하여 프로젝트 단위로 모델링한다는 것입니다.

등각투영(Isometric), 정투영(Orthographic) 도면과 다른 산출물들을 쉽게 생성하고, 정확한 정보를 공유하기 위해서는 정확한 설계 기본 데이터가 매우 중요합니다. AutoCAD Plant 3D에서는 이러한 기본 데이터가 기본적으로 제공되어 초보자가 바로 실습을 하고, 프로젝트에 적용할 수 있게 해줍니다.

이번 장에서는 AutoCAD Plant 3D에서 기본적으로 제공하는 기본 카탈로그 및 스펙을 기반으로 가장 기본적인 3D 플랜트 모델링 기능과 3D 모델에서 2차원 뷰를 생성하고 수정하는 방법을 배우게 될 것입니다.

■ 학습목표

- 프로젝트 관리자에서 폴더 및 파일 관리하기

- 프로젝트 관리자에서 프로젝트 정보 관리하기

프로젝트 관리자 Project Manager

프로젝트 관리자는 현재 프로젝트의 전체 파일 구조를 보여줍니다. 폴더와 모델 만들기, 열기, 추가하기 위해서 프로젝트 관리자를 사용합니다. 물론 프로젝트 관리자로 다른 작업도 수행 가능합니다. 예를 들어 데이터 불러오기, 내보내기, 프로젝트 보고서 만들기, 참고 모델 (XREFS) 포함시키기, 프로젝트 폴더에 파일 링크, 복사하기 등도 가능합니다.

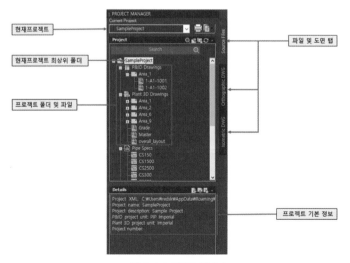

그림 13-1. 프로젝트 관리자

프로젝트 관리자를 사용하여 폴더를 만들면 모델이 어디에 저장되는지 알 수 있습니다. Plant 3D 프로젝트 생성을 하면 필수적으로 생기는 폴더는 다음과 같습니다. 폴더 이름은 프로젝트 셋업할 때 변경할 수 있으며, 프로젝트 생성 후에 파일 탐색기에서 임의로 폴더 이름, 파일 이름 변경 및 이동하는 것은 프로젝트 데이터에 손상을 가져옵니다. 다음은 프로젝트 셋업을 통해 필수로 생성되는 프로젝트 폴더들입니다.

폴더 이름	폴더 용도
PID DWG	P&ID 도면 폴더
Plant 3D Models	Plant 3D 모델 파일 폴더
Spec Sheets	프로젝트 스펙 파일 폴더
Orthos	2D 플랜 도면 파일 폴더
Isometric	아이소 도면 파일 폴더
Related Files	참고용 도면 및 파일 폴더

해당 폴더에 모델 파일을 복사할 경우 해당 폴더와 동일한 모델 템플릿을 사용하는 파일은 폴더에 복사하거나 참조할 수도 있습니다. 또한 프로젝트 관리자를 통해서 프로젝트 모델 파일을 새로 만들 수 있습니다.

이번 실습에서는 새 모델(Drawing) 만들기, 모델에 링크 걸기, 기존 모델을 프로젝트에 복사하기 등을 연습합니다. 프로젝트 관리자를 이용하여 모델들은 원래 장소에서 다른 장소로 옮기는 것도 배울 것입니다.

1. AutoCAD Plant 3D 2023을 시작합니다.

- Project Manager의 Current Project에서 Open을 클릭합니다.
- 'C:₩Plant Design₩Lesson13' 폴더에서 Project.xml 파일을 선택하고 열기를 누릅니다.

2. 프로젝트 관리자에서 Plant 3D Drawings를 오른쪽 마우스 클릭 후 New Folder를 클릭합니다.

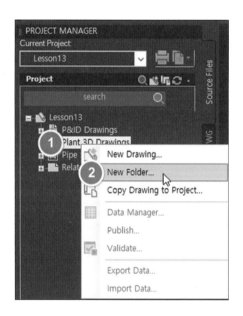

3. New Folder 대화상자에서 다음과 같이 입력합니다.

- Folder name에 Equipment를 입력합니다.
- Folder path를 확인합니다. Folder Name과 동일한 이름을 가진 폴더가 생성됩니다.

- 새로 생성되는 폴더의 모델에 적용될 모델 템플릿 이름을 확인합니다. 다른 템플릿으로 변경할 수 있습니다.

- OK를 클릭합니다.

- Equipment 폴더가 프로젝트 관리자에 만들어집니다.

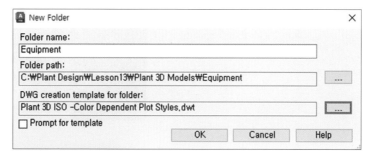

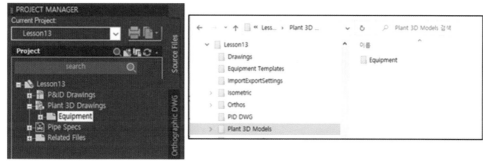

4. 같은 방법으로 Steel Structure와 Piping 폴더를 만듭니다.

5. 프로젝트 관리자에서 Steel Structure 폴더를 오른쪽 마우스 클릭합니다. Copy Drawing to Project를 클릭합니다.

6. Select Drawings to Copy to Project 대화상자에서 다음과 같이 실행합니다.

- 'C:₩Plant Design₩Lesson13₩Drawings' 폴더에서 Structures.dwg를 선택합니다.
- Open을 클릭합니다.

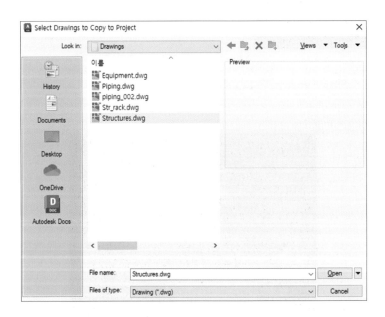

7. 프로젝트 관리자의 Steel Structure 폴더 밑에 Structures 모델이 등록되었는지 확인합니다.

플랜트 설계용 AutoCAD P&ID Plant 3D 입문 실습

8. Structures 모델을 선택하고, Details 정보에서 파일의 위치를 확인합니다.

- C:₩Plant Design₩Lesson13₩Plant 3D Models₩Steel Structure

9. 프로젝트 관리자에서 Piping 폴더를 오른쪽 마우스로 클릭합니다. New Drawing을 클릭합니다.

10. New DWG 대화상자에서 다음과 같이 설정합니다.

■ File name에 Area67-Piping-001을 입력하고 OK 버튼을 누릅니다.

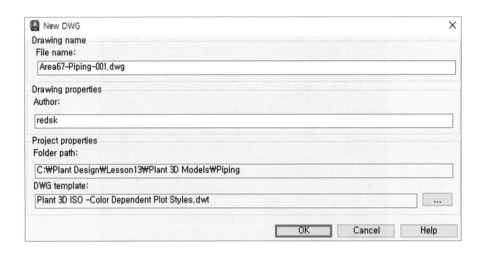

■ Piping 폴더 아래에 모델이 생성되는 것을 확인합니다.

플랜트 설계용 AutoCAD P&ID Plant 3D 입문 실습

11. 프로젝트 관리자에서 Area67-Piping-001 모델을 오른쪽 마우스 클릭 후 Properties를 클릭합니다.

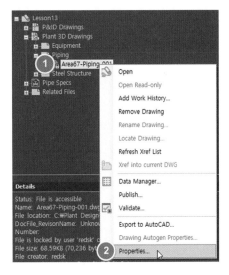

12. Drawing Properties 대화상자에서 다음과 같이 합니다.

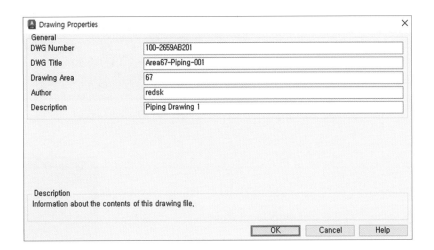

- DWG Number에 100-2659AB201을 입력합니다.

- Drawing Area에 67을 입력합니다.

- Description에 Piping Drawing 1을 입력합니다.

- OK를 클릭합니다.

13. 저장하고 파일을 닫습니다.

■ 학습목표

• 철골 구조물 모델링하기

• 철골 구조 부재 선택하기

• 철골 구조 파트 수정하기

철골 모델링 메뉴

철골 구조 모델링의 과정은 기준선 정하기, 철골 부재 추가 및 수정하기, 계단·사다리·발판·철판과 같은 철골 구성요소 추가 및 수정하기가 있습니다.

그림 14-1. Structure Ribbon & Tab Menu

철골 구조 모델링의 기본 프로세스는 철골 부재 또는 형상을 Settings 명령어로 설정합니다. 다음에 Member, Railing, Footing, Stair, Ladder 메뉴를 사용하여 모델링을 합니다.

그림 14-2. SETTINGS MENU

철골 부재 표현 방식

철골 구조는 모델 파일 내에서 AutoCAD Visual Style 설정과 별도로, 철골 객체만 3D 표현 방식을 변경할 수 있습니다. 철골 부재는 실제로 3D 형상으로 존재하고 있지만, 모델링 상황에 따라서 부재의 표현 방식은 Shape, Line, Symbol, Outline 등 4가지 방식으로 표현할 수 있습니다.

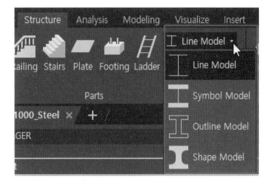

그림 14-3. 철골 부재 표현 방식 설정 메뉴

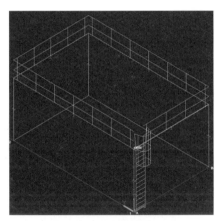

그림 14-4. Line Model

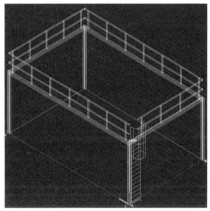

그림 14-5. Symbol Model

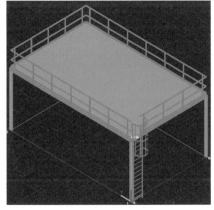

그림 14-6. Outline Model

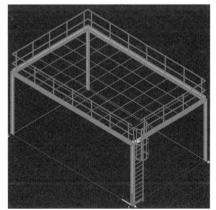

그림 14-7. Shape Model

또한 AutoCAD Visual Style 설정은 그대로 이용할 수 있습니다.

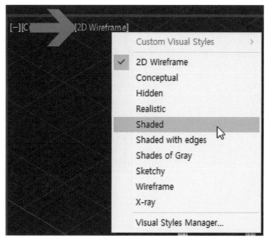

그림 14-8. Visual Style 설정

그리드 설정 Grid Settings

그리드(Grid) 툴을 사용할 때, Create Grid 대화상
자에서 그리드 설정값을 바꿀 수 있습니다. 그리
드 삽입 점으로부터 각각의 방향으로 Axis, Row,
Platform으로 값을 결정할 수 있습니다. 각각의 그
리드 라인을 구별하기 위해서 콤마를 사용합니다.

그림 14-9. Grid 설정 메뉴

그리드는 철골 부재 모델링을 도와주는 보조라인이며, 모델링을 하기 위한 필수요소는 아닙
니다. 그리드 설정 대화상자는 다음과 같습니다.

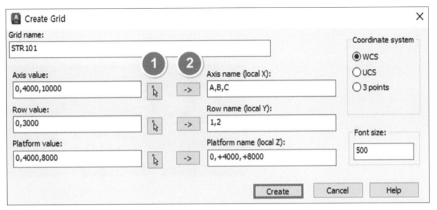

그림 14-10. 그리드 설정 화면

- Grid name: 사용자 임의의 그리드 명

- Coordinate system: 그리드의 X, Y, Z축의 기준이 되는 좌표 체계 선택

- Axis value: 그리드 라인의 X축 좌표

- Axis name (local X): X축 그리드에 표시되는 라벨

- Row value: 그리드 라인의 Y축 좌표

- Row name (local Y): Y축 그리드에 표시되는 라벨

- Platform value: 그리드 라인의 Z축(Elevation) 좌표

- Platform name (local Z): Z축(Elevation) 그리드에 표시되는 라벨

- Font size: 그리드에 표시되는 글씨 라벨의 사이즈

- ❶ 버튼: 3D 모델상에서 그리드 좌표를 마우스 클릭으로 지정할 때 사용

- ❷ 버튼: 좌표값의 수량에 맞추어 라벨값 자동 입력

다음은 그림 14-10의 설정대로 'Create' 버튼을 클릭하였을 경우의 모델에 생성되는 결과입니다.

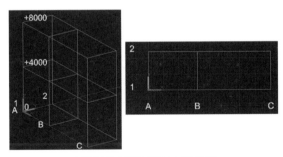

그림 14-11. 그리드 아이소 뷰와 탑 뷰

멤버 설정 Member Settings

Settings 드롭다운 메뉴를 클릭하여
Member Settings를 클릭합니다.

그림 14-12. Member Settings 명령

철골 구조 모델링에 앞서 멤버 설정 대화상자에서 모델링할 철골 부재의 자재와 모델링 방식
을 설정할 수 있습니다.

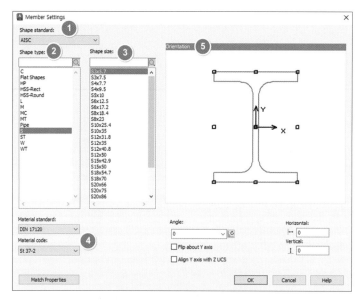

그림 14-13. Member Settings 화면

- Shape standard: 철골 부재 형상 표준

- Shape type: 형상

- Shape size: 형상 크기

- Material standard & code: 부재 재질

- Orientation: 모델링 기준점

부재 수정 Part Modification

Modify와 Cutting 메뉴의 구조 편집 도구(Structure Edit Tool)를 사용하여 모델링된 기존 부재의 설정을 수정할 수 있습니다. 이 도구를 사용하면 선택한 부재의 해당 대화상자가 표시되어 해당 파트의 설정을 수정할 수 있습니다.

또한 Cutting 도구들은 현재의 Structural Members의 길이 수정, Cut Back, Trim, Extend, Miter, Restore 명령어를 이용하여 다양하게 부재를 편집할 수 있습니다.

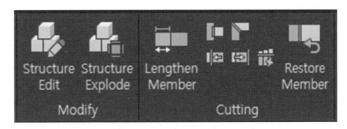

그림 14-14. 철골 부재 수정 명령

이번 실습에서는 그리드 만들기, 철골 멤버 모델링, 멤버 수정, 사다리 모델링, 핸드레일 모델링, 그리팅 모델링, 풋팅 모델링 등을 연습합니다.

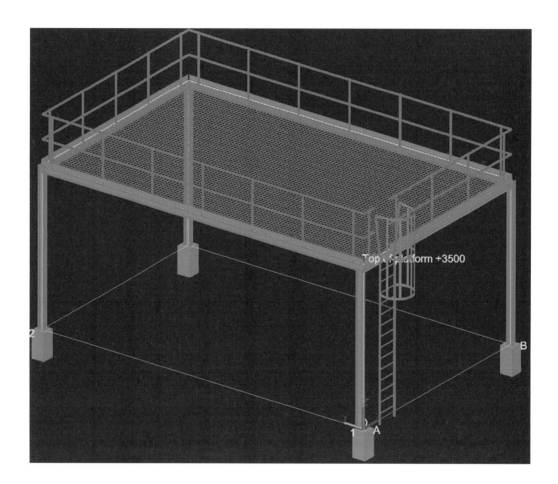

그리드 만들기

1. AutoCAD Plant 3D 2023을 시작합니다.

- Project Manager의 Current Project에서 Open을 클릭합니다.
- 'C:₩Plant Design₩Lesson14' 폴더에서 Project.xml 파일을 선택하고 열기를 누릅니다.

2. 프로젝트 관리자에서 Steel Structure 폴더 아래의 Structures 모델을 엽니다.

3. Grid 레이어를 현재 레이어로 설정합니다.

4. AutoCAD Plant 3D 화면 우측 아래에서 Status Bar 의 Grid Display를 클릭하여 Grid Off로 설정합니다.

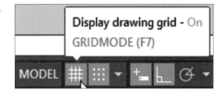

5. 리본 메뉴에서 Structure → Parts Panel → Grid 메뉴를 클릭합니다.

6. Create Grid 대화상자에서 다음과 같이 입력합니다.

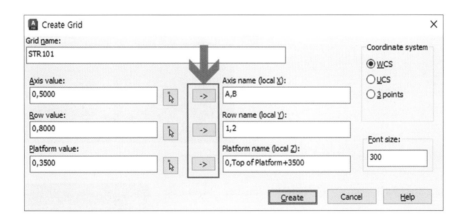

- Axis value에 0,5000을 입력합니다.

- Row value에 0,8000을 입력합니다.

- Platform value에 0,3500을 입력합니다.

- 세 개의 필드 값 옆에 위치한 화살표 버튼(→)을 클릭합니다.

- Coordinate system에서 WCS를 선택합니다.

- Create Grid 대화상자에서 'Platform name (local Z):'에 'Top of Platform'을 그림처럼 입력합니다.

- Font size에 300을 입력합니다.

- Create 버튼을 클릭합니다.

7. Grid가 모델에 생성됩니다.

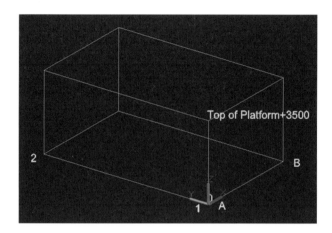

철골 멤버 모델링

1. Steelstructure 레이어를 현재 레이어로 설
정합니다.

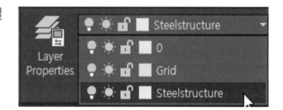

2. Settings 드롭다운 메뉴를 클릭하여, Member Settings를
클릭합니다.

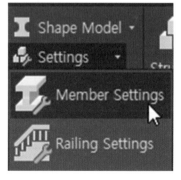

3. Member Settings 대화상자에서 아래와 같이 설정합니다.

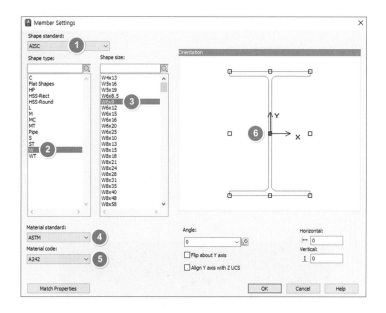

- Shape standard 항목에서 AISC를 선택합니다.

- Shape type 항목에서 W를 선택합니다.

- Shape size 항목에서 W6×9를 선택합니다.

- Material standard 항목에서 ASTM을 선택합니다.

- Material Code 항목에서 A242를 선택합니다.

- Orientation이 Middle Orientation Point로 선택되었는지 확인합니다.

- OK를 클릭합니다.

4. Structure → Parts Panel → Member를 클릭하여 멤버 모델링 명령을 시작합니다.

5. 멤버의 표현 방식 변경을 위해 Shape Model을 선택합니다.

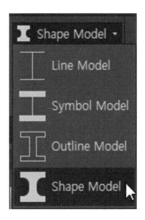

6. Structural Member의 시작점을 지정하기 위해 아래 모서리의 Endpoint를 클릭합니다.

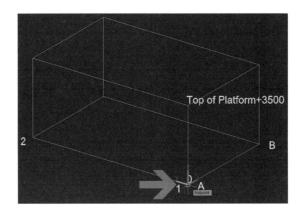

7. Structural Member의 끝점을 지정하기 위해 Grid Box의 위 모서리를 선택합니다.

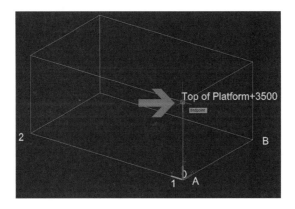

8. 현재 멤버 모델링 명령을 종료하기 위해 Enter 키를 누릅니다. 철골 멤버가 모델링된 것을 확인합니다.

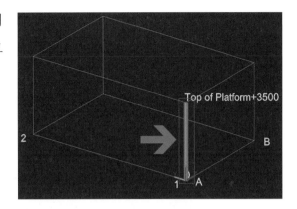

9. 나머지 3개 코너의 Grid도 동일하게 멤버 모델링을 합니다. Enter 키를 눌러서, 바로 전 실행된 멤버 모델링을 다시 실행합니다.

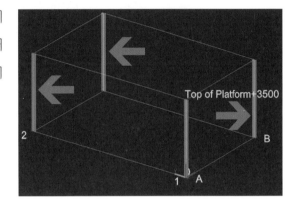

10. 멤버의 모델 표현 방식을 변경하기 위해 Line Model을 선택합니다.

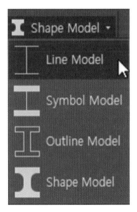

11. 멤버가 모델링된 그리드 라인에만 붉은색 상자에 보이는 것처럼, 오직 멤버의 윤곽만 나타납니다.

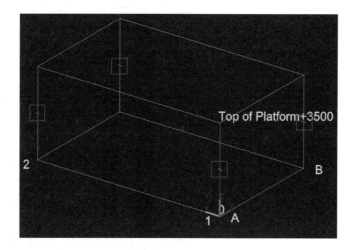

12. Settings 드롭다운 메뉴를 클릭하여, Member Settings를 클릭합니다.

13. Member Settings 대화상자에서 Orientation만 Top Middle로 변경하고 OK를 클릭합니다.

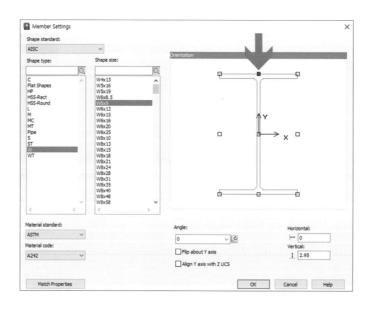

14. Structure → Parts Panel → Member를 클릭하여 멤버 모델링 명령을 시작합니다.

15. Structural Member의 시작점을 ❶ 모서리로 클릭, ❷~❺ 모서리까지 연속으로 클릭합니다. ❶의 시작점과 ❺의 종료점은 동일합니다. 명령을 종료하기 위해 Enter 키를 누릅니다.

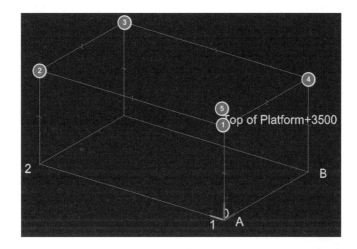

16. 멤버의 표현 방식 변경을 위해 Shape Model을 선택합니다.

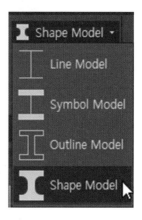

멤버 수정

1. Grid의 위쪽 코너로 Zoom in 합니다. Member가 겹쳐 있는 것을 확인합니다.

2. 수직 Member를 선택한 다음 오른쪽 마우스 클릭하고 Edit Structure를 클릭합니다.

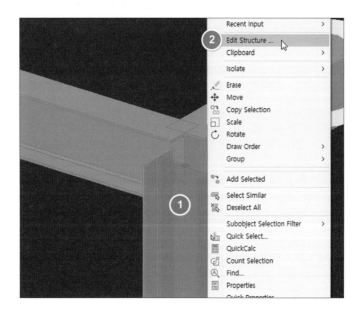

3. Edit Member 대화상자의 Orientation에서 Bottom Middle Orientation Point를 선택하고 OK를 클릭합니다.

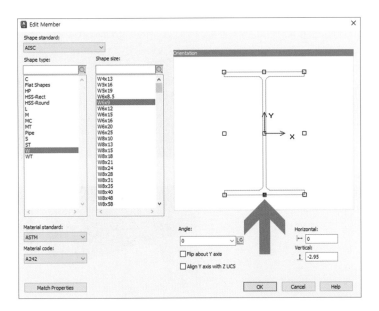

4. 멤버의 기준점 Bottom Middle 점이 노란색 수직 그리드 라인과 일치합니다.

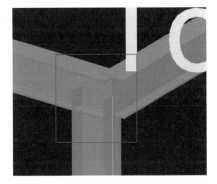

5. Cut Back 명령어를 이용하여 고정 멤버에 겹치는 멤버를 잘라냅니다.

- Structure → Cutting Panel → Cut Back Member를 클릭합니다.

■ 고정 멤버를 지정하기 위해 위쪽 수평 멤
버❶를 클릭합니다.

■ 고정 멤버의 면에 맞추어 잘라낼 멤버❷
를 클릭합니다.

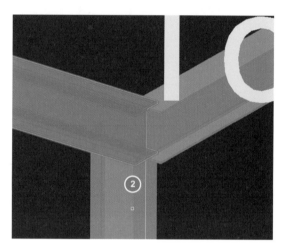

■ Enter 키를 눌러 명령 종료합니다. 수직
멤버가 일부 절단된 것을 확인합니다.

플랜트 설계용 AutoCAD P&ID Plant 3D 입문 실습

6. 모서리에서 서로 만나는 두 개의 멤버를 마이터(Miter)로 수정합니다.

■ Structure → Cutting Panel → Miter Cut
   Member를 클릭합니다.

■ 왼쪽 수평 멤버❶와 오른쪽 수평 멤버
   ❷를 차례로 클릭합니다.

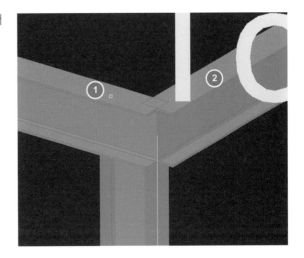

■ Enter 키를 눌러 명령을 종료합니다. 2
   개의 멤버가 마이터로 절단되어 연결된
   것을 확인합니다.

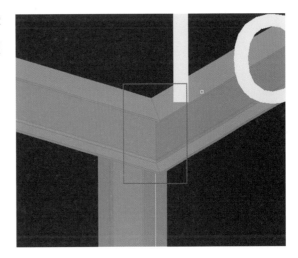

사다리 모델링

1. 멤버의 모델 표현 방식을 변경하기 위해 Line Model을 선택합니다.

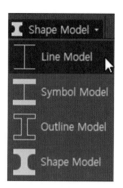

2. Settings 드롭 다운 메뉴에서 Ladder Settings를 선택합니다.

3. Ladder Settings 대화상자에서 Ladder 탭을 그림과 같이 설정합니다.

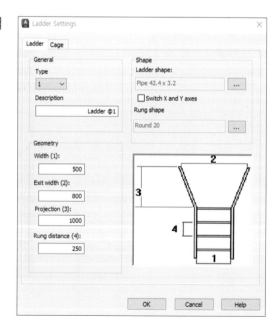

4. Cage 탭에서 그림과 같이 설정하고, OK를 클릭합니다.

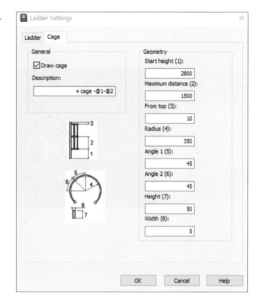

5. Ladder 모델링 메뉴를 실행합니다.

6. OSNAP 참조 기능을 이용하여 Ladder 시작점을 지정합니다.

- Shift 키를 누르고 모델영역 아무 공간에서 오른쪽 마우스를 클릭합니다.
- OSNAP 팝업 메뉴가 나오면 From을 클릭합니다.

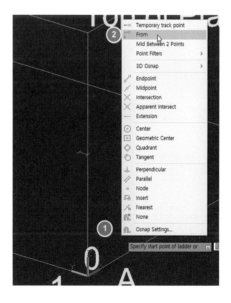

■ From Base Point를 지정하기 위해 그리드 모서리❸를 클릭합니다.

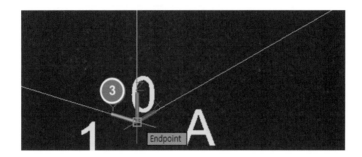

■ Ladder 모델링의 실제 시작점을 From Point에서 X축으로 600mm 떨어진 그리드 라인 위로 지정하기 위해 '@600,0'을 명령창에 입력하고 Enter 키를 누릅니다.

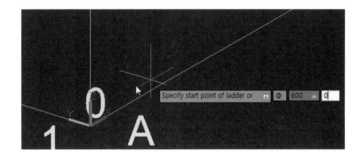

■ 그림에서 화살표 지점❶이 Ladder의 시작점으로 지정되고, Ladder의 끝나는 점을 요구하는 프롬프트와 함께, 마우스 커서에 점선이 따라다니는 것을 확인합니다.

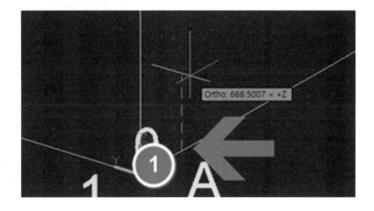

7. Ladder의 끝점❷을 지정하기 위해 Platform 상단의 수직점을 Perpendicular OSNAP로 클릭하여 선택합니다.

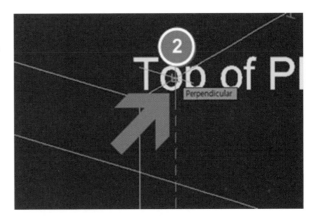

8. Ladder가 모델링되는 방향과 간격을 지정하기 위해 Y축을 따라 커서를 철골 구조 바깥쪽 방향으로 움직입니다. ❸은 마우스를 클릭하지 않고 마우스 커서만 이 방향으로 이동합니다.

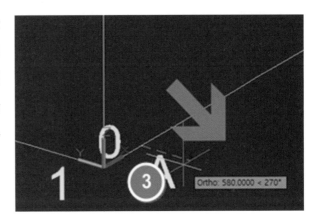

9. 명령창에 150을 입력하고 Enter 키를 누릅니다.

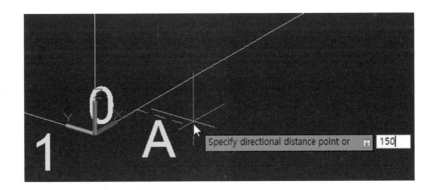

10. 사다리(Ladder)가 설정값에 맞춰 모델링된 것을 확인합니다.

11. 멤버의 모델 표현 방식을 변경하기 위해 Shape Model을 선택합니다.

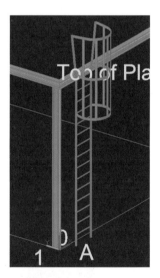

12. Viewcube에서 Left를 클릭합니다.

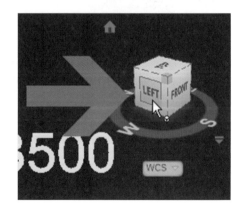

13. Ladder가 제대로 모델링된 것을 확인합니다.

핸드레일 모델링

1. 멤버의 모델 표현 방식을 변경하기 위해 Line Model을 선택합니다.

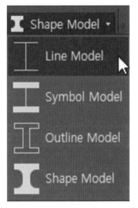

2. Settings 드롭 다운 메뉴에서 Railing Settings를 선택합니다.

3. Railing Settings 대화상자에서 핸드레일에 대한 부재 종류와 치수를 설정할 수 있습니다. Default 값을 사용합니다. OK를 클릭합니다.

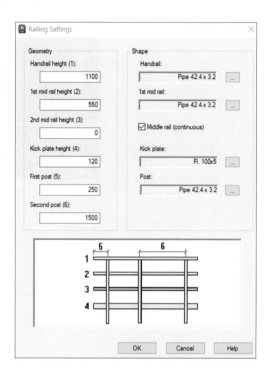

4. Structure → Parts Panel → Railing을 클릭합니다.

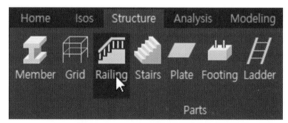

5. Railing의 시작점을 지정하기 위해, 아래처럼 OSNAP을 이용하여 시작 지점을 클릭합니다.

6. Railing 끝점을 지정하려면, 시계 반대 방향으로 상단 그리드 라인 모서리 점들을 차례로 클릭합니다.

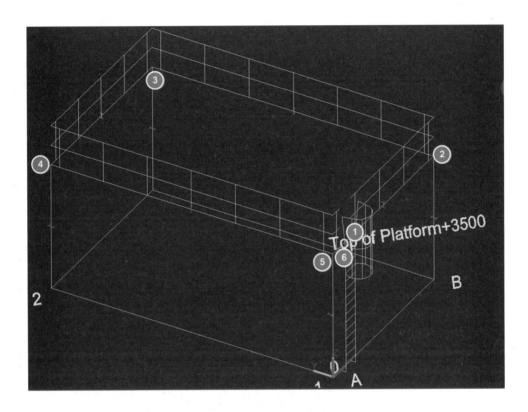

7. 마지막 점❻은 OSANP을 이용하여 그림과 같이 클릭하고, Enter 키를 누릅니다.

8. 멤버의 표현 방식 변경을 위해 Shape Model을 선택합니다.

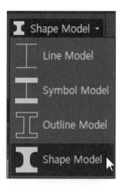

9. 플랫폼 상단에 핸드레일이 완성됩니다.

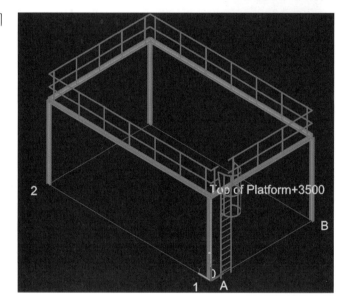

그리팅 모델링

1. 멤버의 모델 표현 방식을 변경하기 위해 Line Model을 선택합니다.

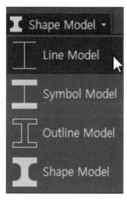

2. Structure → Parts Panel → Plate를 클릭합니다.

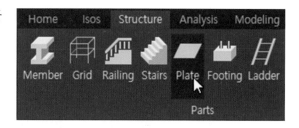

3. Create Plate/Grate 대화상자에서 아래와 같이 실행합니다.

- Type 항목에 Grating을 선택합니다.

- Material standard 항목에 ASTM을 선택합니다.

- Material code 항목에 A242를 선택합니다.

- Thickness 항목에 10을 선택합니다.

- Hatch pattern 항목에 NET을 선택합니다.

- Hatch scale에 25를 입력합니다.

- Justification을 Bottom으로 선택합니다.

- Shape를 New rectangular로 선택합니다.

- Create 버튼을 클릭합니다.

4. 플랫폼 상단에 박스형의 그리팅을 모델링하기 위해 2개의 대각 지점을 아래 그림과 같이 OSNAP을 이용하여 클릭합니다.

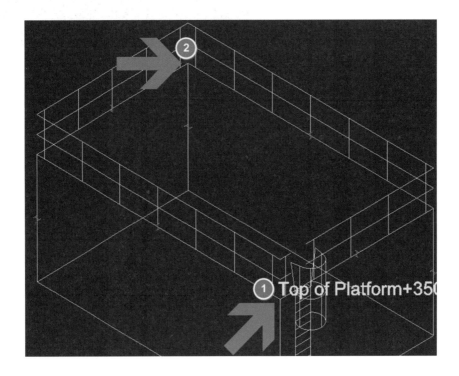

5. 멤버의 표현 방식 변경을 위해 Shape Model을 선택합니다.

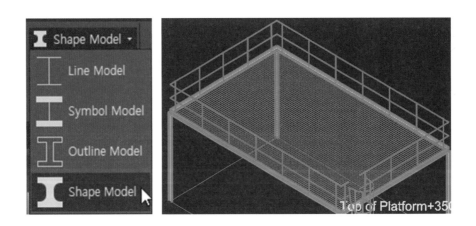

6. 멤버의 표현 방식 변경을 위해 Outline Model을 선택합니다.

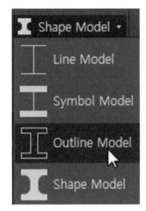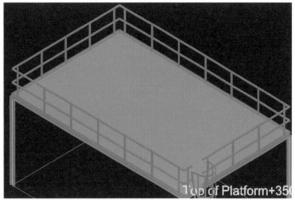

풋팅 모델링

1. 멤버의 모델 표현 방식을 변경하기 위해 Line Model을 선택합니다.

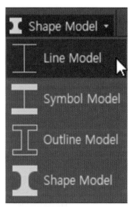

2. Settings 드롭 다운 메뉴에서 Footing Settings를 선택합니다.

3. Footing Settings 대화상자에서 다음과 같이 설정하고 OK를 클릭합니다.

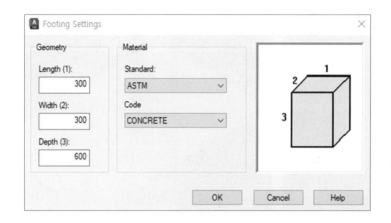

4. Structure → Parts Panel → Footing을 클릭합니다.

5. 풋팅 모델링을 그림처럼 그리드 4개의 모서리를 OSNAP을 이용하여 차례로 클릭합니다. 풋팅 1개를 배치한 후, Enter 키를 누르면 Footing 명령이 재실행됩니다.

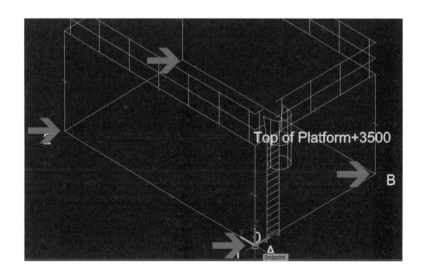

6. 멤버의 표현 방식 변경을 위해 Shape Model을 선택합니다.

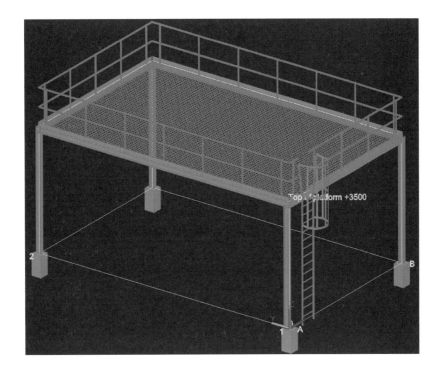

7. 데이터 관리자를 실행하여 모델링된 철골 부재의 목록을 살펴봅니다.

8. 파일을 저장하고 닫습니다.

제15과 기계장치 모델링

■ 학습목표
- 기계장치 모델링 방법 이해하기
- 기계장치 노즐 추가하기

기계장치 모델링

Home 탭의 Equipment 패널에는 Plant 3D 모델 안에서 사용할 수 있는 Equipment 관련 메뉴들이 있습니다.

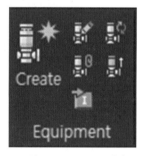

그림 15-1. Equipment 패널

기계모델 만들기 Create Equipment

AutoCAD Plant 3D에서 Create Equipment 명령어는 템플릿으로 만들어 놓은 형상에 기계장치 각 부분의 치수를 입력하여 자동으로 모델링하는 파라메트릭 모델링 방식입니다.

그림 15-2. Create Equipment 메뉴

플랜트 설계용 AutoCAD P&ID Plant 3D 입문 실습

- Create Equipment 대화상자에서 모델링하고 자 하는 기계장치 타입을 선택합니다.

- 선택한 Equipment 템플릿 대화상자가 나타나고, Equipment 탭에서는 태그 번호와 치수를 입력합니다.

- Properties 탭에서는 해당 Equipment에 대한 추가 정보를 입력합니다.

- 노즐이 모델링되지만, 노즐의 사이즈 및 스펙 정보는 별도의 Nozzle 명령어를 사용합니다.

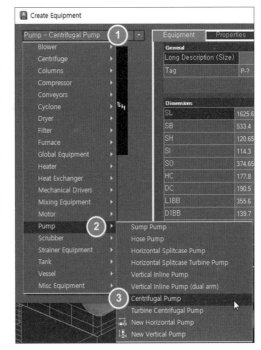

그림 15-3. Equipment 템플릿 선택

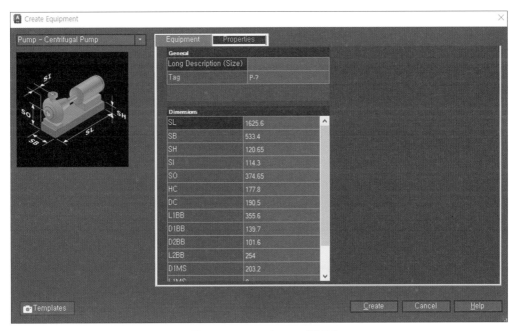

그림 15-4. Create Equipment 대화상자

노즐 Nozzles

대부분의 Equipment는 기본적으로 최
소한 하나의 노즐을 가지고 있습니다.
AutoCAD Plant 3D 모델링에서 노즐
의 정보는 배관 모델링을 위해 매우 중
요합니다. 새로운 노즐을 추가하고 추
가된 노즐의 위치, 타입, 구경, 압력등
급 등을 변경할 수 있습니다.

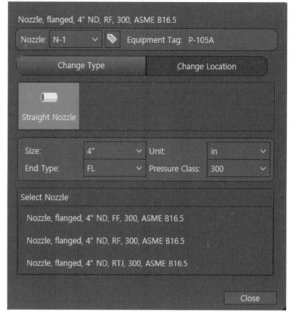

그림 15-5. Nozzle 대화상자

기계장치 모델링 템플릿 Equipment Templates

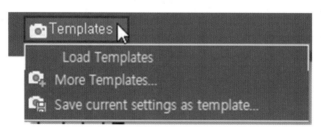

그림 15-6. 기계장치 모델링 템플릿

사용자가 자주 사용하는 Equipment의 설정값은 템플릿으로 저장할 수 있습니다. 각 부품의
치수는 템플릿에 저장됩니다. Nozzle 개수와 속성값도 템플릿에 저장됩니다. 템플릿의 파일
형식은 *.peqs이며, 현재 프로젝트의 하위 폴더 중에서 '₩Equipment Templates'에 저장됩니
다.

이번 실습에서는 펌프 모델링, 탱크 모델링, 베셀 모델링, 열교환기 모델링에 대해 연습합니다.

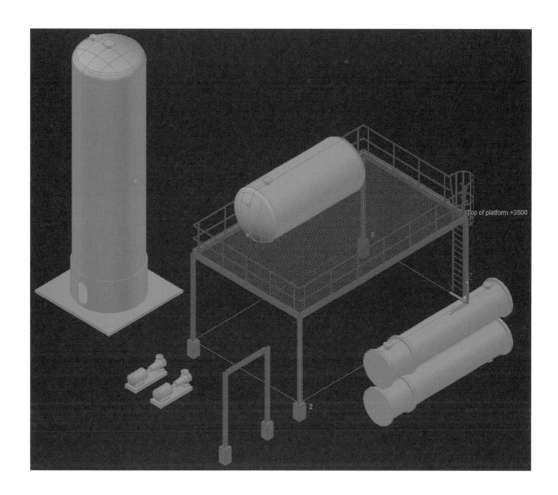

펌프 모델링

1. AutoCAD Plant 3D 2023을 시작합니다.

- Project Manager의 Current Project에서 Open을 클릭합니다.
- 'C:\Plant Design\Lesson15' 폴더에서 Project.xml 파일을 선택하고 열기를 누릅니다.

2. 프로젝트 관리자에서 Plant 3D Drawings → Equipment로 확장합니다.

3. Equipment 모델을 더블클릭하여 엽니다.

4. Home → Equipment Panel → Create를 클릭합니다.

5. Create Equipment 대화상자에서 다음과 같이 수행합니다.

- Equipment List 항목에서 Pump → Centrifugal Pump를 선택합니다.

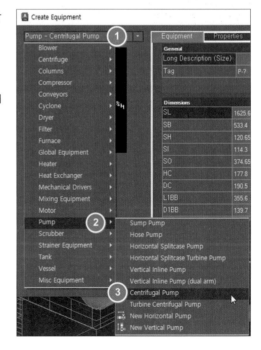

6. Equipment 탭의 Tag 필드를 클릭합니다.

- Assign Tag 대화상자가 나타나면 Number를 클릭합니다.
- Assign Number 버튼을 클릭합니다.
- 번호가 할당되면 번호 뒤에 A를 입력합니다.
- Assign을 클릭합니다.

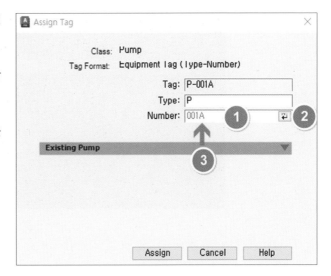

7. Create Equipment 대화상자에서 모든 치수를 변경하지 않고 Create 버튼을 클릭합니다.

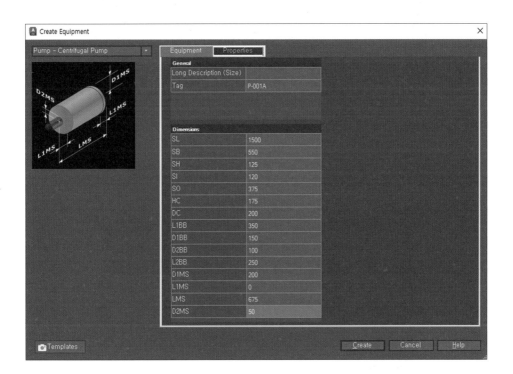

8. Insertion point 프롬프트에서 좌표 3300, 10000을 입력하고 Enter 키를 누릅니다.

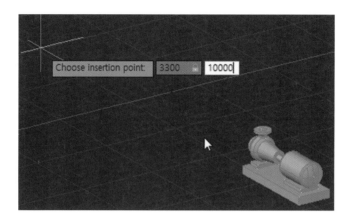

9. Rotation 방향 프롬프트에서 90을 입력합니다. Pump가 모델에 추가되었습니다.

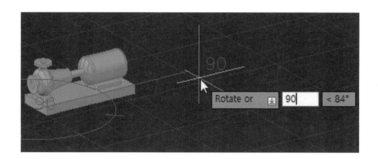

10. Pump 위의 노즐에 커서를 가져갑니다. 툴팁이 노즐의 태그 번호와 펌프 P-001A에 소속된 노즐이라는 것을 표시해줍니다.

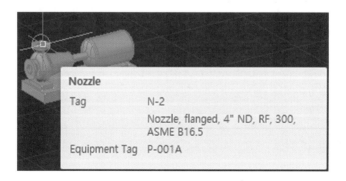

플랜트 설계용 AutoCAD P&ID Plant 3D 입문 실습

11. Pump 앞쪽의 노즐에 커서를 가져갑니다. 툴팁이 6" Nozzle이라고 표시해줍니다.

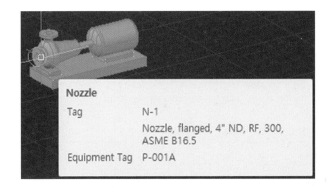

12. Pump를 복사합니다. P-001A를 오른쪽 마우스 클릭하고, Copy Selection을 클릭합니다 (AutoCAD Copy 명령어를 사용해도 됩니다. 'Ctrl+C & Ctrl+V'는 사용하지 않습니다).

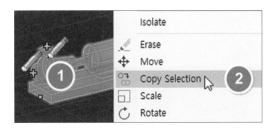

13. Base Point 프롬프트에서 그림과 같이 모서리를 클릭합니다.

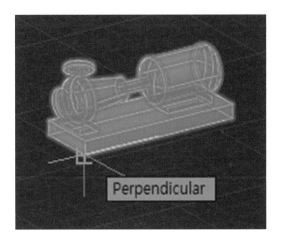

14. X축으로 1200 거리에 Pump를 복사합니다. 좌표계를 확인하고 ORTHO 모드가 ON 되어있는가를 확인합니다. X축으로 마우스를 이동하고 Second Point 프롬프트에서 1200을 입력하고 Enter 키를 누릅니다. Copy 명령어를 종료하기 위해 Esc 키를 누릅니다.

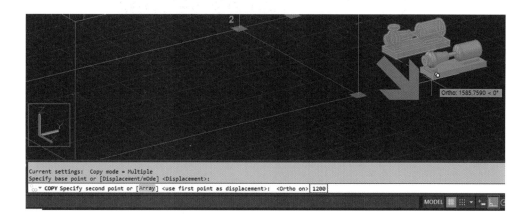

15. 두 번째 Pump에 커서를 가져가면 툴팁이 태그 번호를 'P-001A?'로 표시해줍니다.

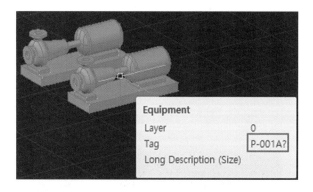

16. 두 번째 Pump를 선택하고 오른쪽 마우스 클릭 후 Assign Tag를 클릭합니다.

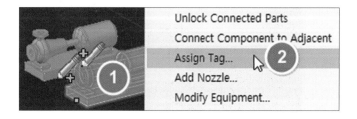

플랜트 설계용 AutoCAD P&ID Plant 3D 입문 실습

17. Assign Tag 대화상자에서 번호를 001B로 수정하고 Assign 버튼을 클릭합니다.

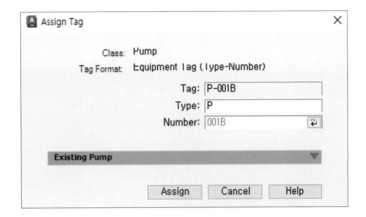

18. 두 번째 Pump에 커서를 놓으면 툴팁이 태그 번호가 P-001B로 변경된 것을 보여줍니다.

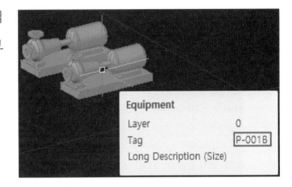

탱크 모델링

1. Home → Equipment Panel → Create를 클릭합니다.

2. Create Equipment 대화상자에서 Template 버튼을 클릭하고 'Vertical Tank with 3 Nozzles'를 선택합니다.

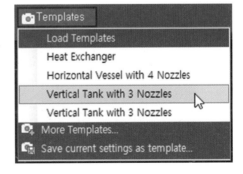

235

제3장 AutoCAD Plant 3D

3. Create Equipment 대화상자에서 다음과 같이 수행합니다.

- '1 Torispheric Head'를 선택하고 D 필드가 2500임을 확인합니다.

- '2 Cylinder'를 선택하고 D 필드를 2500으로, H 필드를 8000으로 수정합니다.

- 3 Torispheric Head를 선택하고 D 필드가 2500임을 확인합니다.

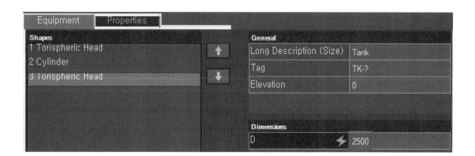

플랜트 설계용 AutoCAD P&ID Plant 3D 입문 실습

4. Tag를 넣기 위해서 Equipment 탭을 클릭하고, Tag 필드를 클릭합니다. Assign Tag 대화상자에서 Type 필드에 T를 입력하고, Number 필드에 101을 입력 후 Assign을 클릭합니다.

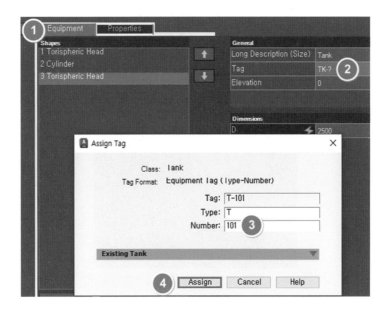

5. Create Equipment 대화상자에서 Create 버튼을 클릭합니다.

6. Insertion Point 프롬프트에서 '9000,8000,1200'을 입력합니다.

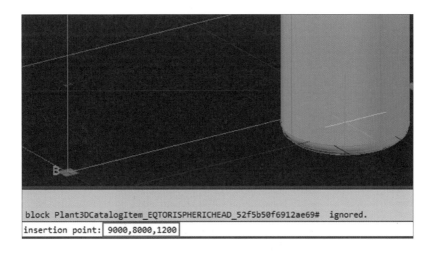

7. Rotation 값 0을 입력합니다.

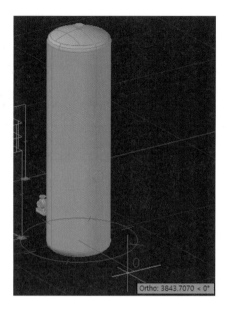

8. Tank를 왼쪽 마우스 클릭으로 선택 후 Add Nozzle 그립을 클릭합니다.

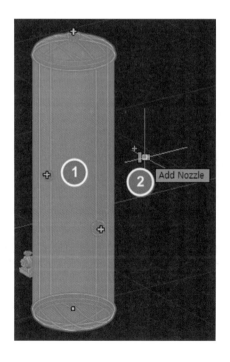

9. Add Nozzle 대화상자에서 다음과 같이 설정합니다.

- Change Location을 클릭합니다.
- Nozzle Location 목록에서 Top을 선택합니다.
- R 필드에 750을 입력합니다.
- L 필드에 150을 입력합니다.
- A 필드에 0을 입력합니다.

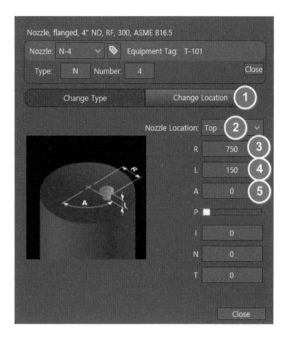

10. Change Type 탭을 클릭하여 다음과 같이 설정합니다.

- Straight Nozzle이 선택되었는지 확인합니다.
- Size 항목에서 4"를 선택합니다.
- End Type 항목에서 FL을 선택합니다.
- Unit 항목에서 in이 선택되었는지 확인합니다.
- Pressure Class 항목에서 300이 선택되었는지 확인합니다.
- Select Nozzle 항목 중에서 Nozzle, flanged, 4"ND, RF, 300, ASME B16.5를 선택합니다.
- Close를 클릭합니다.

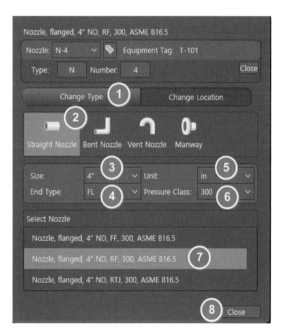

11. 노즐이 Tank 상단에 생성됩니다.

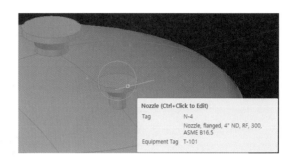

베셀 모델링

1. Home → Equipment Panel → Create를 클릭합니다.

2. Create Equipment 대화상자에서 Templates → 'Horizontal Vessel with 4 Nozzles'를 클릭합니다.

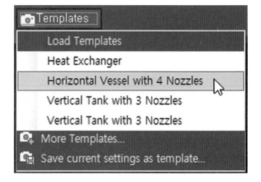

3. Tag를 넣기 위해서 Equipment 탭을 클릭하고, Tag 필드를 클릭합니다. Assign Tag 대화상자에서 Type 필드에 V를 입력하고 Number 필드에 101을 입력 후 Assign 버튼을 클릭합니다.

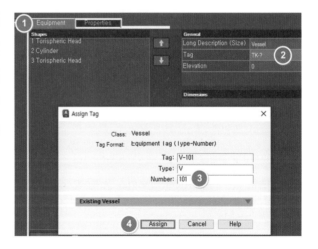

4. Create Equipment 대화상자에서 Create 버튼을 클릭합니다.

5. Insertion Point 프롬프트에서 '3500,6500,5000'을 입력합니다.

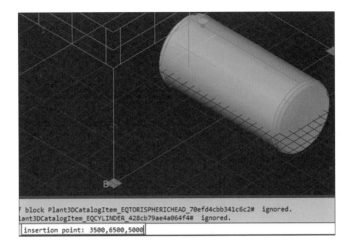

6. Rotation 값 270을 입력합니다.

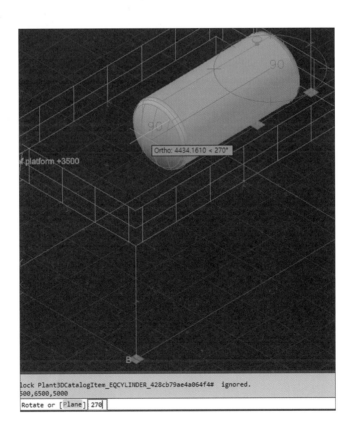

7. Viewcube 또는 Custom Model Views에서 NE Isometric 뷰로 설정합니다.

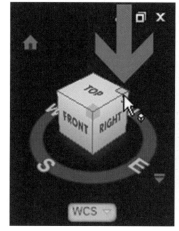

8. NE Isometric View로 모델을 확인합니다.

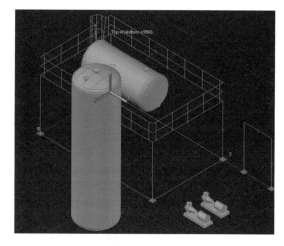

9. Structure 모델을 숨김으로써 Vessel을 쉽게 수정할 수 있습니다.

- Home → Visibility → Hide Selected를 클릭합니다.

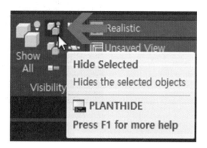

■ 숨기기 원하는 대상을 선택하기 위해 철골 구조
물의 일부를 클릭합니다.

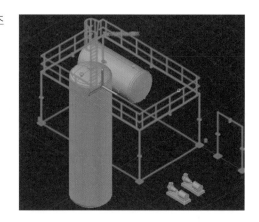

■ Enter 키를 눌러 대상 선택을 완료합니다.

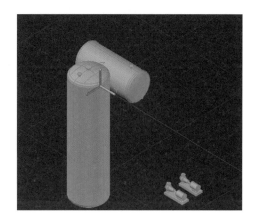

10. Nozzle을 수정하려면 다음과 같이 설정합니다.

■ 화면을 확대해 노즐을 선택합니다. 노즐을 수
정하기 위해서는 Ctrl 키를 누른 상태에서 왼
쪽 마우스❶를 동시에 클릭합니다(Ctrl+왼쪽
마우스).
■ Edit Nozzle 그립❷을 클릭합니다.

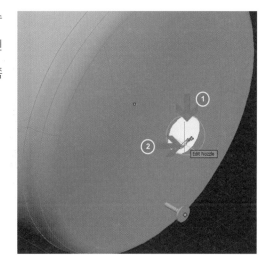

11. Nozzle 대화상자에서 다음과 같이 입력합니다.

- Nozzle 항목에서 N-1을 확인합니다.
- Change Type 탭을 활성화합니다.
- Straight Nozzle을 선택합니다.
- Size 항목에서 1"을 선택합니다.
- Pressure Class 항목에서 150을 선택합니다.
- Select Nozzle 항목에서 'Nozzle, Flanged, 1" ND, RF, 150, ASME B16.5'를 클릭합니다.

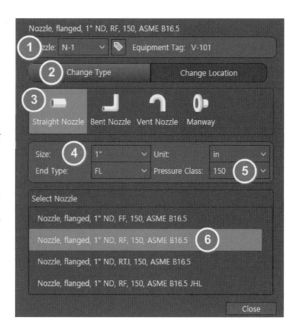

12. Change Location 탭을 활성화시킨 후 아래와 같이 입력합니다.

- Nozzle Location 항목에서 Bottom을 선택합니다.
- R 필드에 600을 입력합니다.
- L 필드에 150을 입력합니다.
- A 필드에 90을 입력합니다.

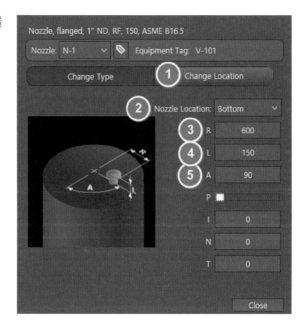

플랜트 설계용 AutoCAD P&ID Plant 3D 입문 실습

13. Close 버튼을 클릭합니다.

14. Nozzle의 Size와 Location이 변경된 것을 확인합니다.

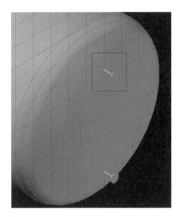

15. Home → Visibility → Show All을 클릭하여 Structure 모델이 다시 나타나게 합니다.

16. Zoom Extents를 실행합니다.

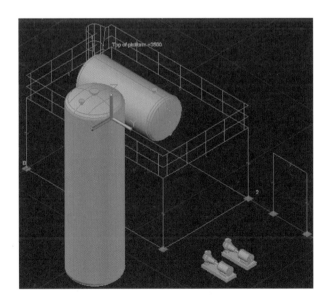

열교환기 모델링

1. Viewcube을 이용하여 SW Isometric View로 설정합니다.

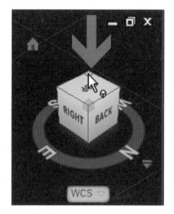 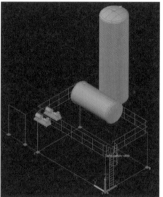

2. Home → Equipment → Create를 클릭합니다.

3. Create Equipment 대화상자에서 Templates → Heat Exchanger를 클릭합니다.

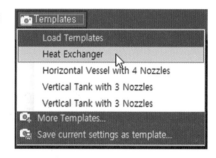

4. Create Equipment 대화상자에서 Shapes 밑의 Equipment 탭에서 다음과 같이 설정합니다.

5. 1 Cylinder를 선택합니다.

  ▪ D 필드에 1375를 입력합니다.

  ▪ H 필드에 100을 입력합니다.

6. 2 Cylinder를 선택합니다.

- D 필드를 클릭하고, 오른쪽 아이콘을 클릭하여 'Override mode'로 변경합니다.

- D 필드에 1200을 입력합니다.
- H 필드에 1000을 입력합니다.

7. 3 Cylinder를 선택합니다.

- D 필드의 1375를 '1 Cylinder'에서 상속받아 그대로 사용합니다.
- H 필드에 100을 입력합니다.

8. 4 Cone을 선택하여 Remove를 클릭합니다. Cone이
제거되고, 5 Cylinder가 4 Cylinder가 됩니다.

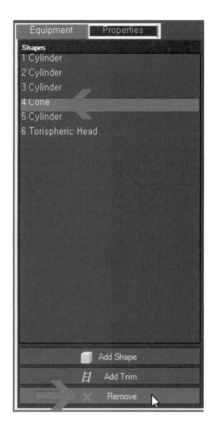

9. 4 Cylinder를 선택합니다.

- D 필드를 Override mode로 변경합니다.

- D 필드에 1200을 입력합니다.

- H 필드에 4500을 입력합니다.

10. 5 Torispheric Head를 선택하여 Remove를 클릭합니다. Shape 필드에 4개의 Cylinder가
남아있습니다.

11. Create Equipment 대화상자 하단에서 Add Shape
→ Cylinder를 클릭합니다.

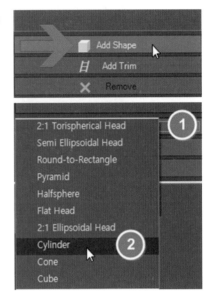

12. 5 Cylinder가 추가되고 이것을 선택합니다.

- D 필드를 Override mode로 변경합니다.

- D 필드에 1375를 입력합니다.

- H 필드에 100을 입력합니다.

13. General 아래 Tag 필드를 클릭하고 Assign Tag 대화상자에서 다음을 확인합니다.

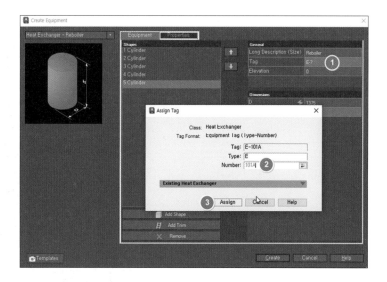

- Type 필드에서 E를 확인합니다.

- Number 필드에 101A를 입력합니다.

- Assign을 클릭합니다.

14. Create Equipment 대화상자에서 Create 버튼을 클릭합니다.

15. insertion point를 지정하기 위해, '-3500,2000,1500'을 입력하고, Enter 키를 누릅니다.

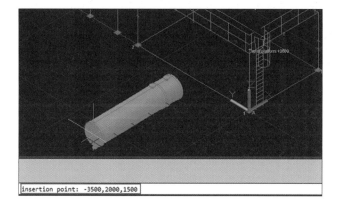

플랜트 설계용 AutoCAD P&ID Plant 3D 입문 실습

16. Rotation 항목에 90을 입력합니다.

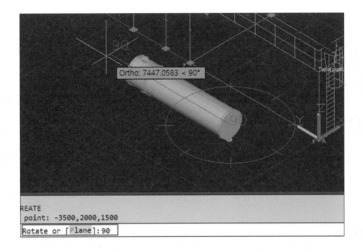

17. Viewcube를 이용해 Left View로 바꿉니다.

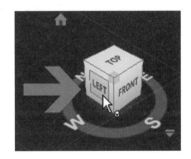

18. Heat Exchanger의 오른편 밑의 노즐을 선택하고(Ctrl+왼쪽 마우스 클릭), Delete 키를 누릅니다.

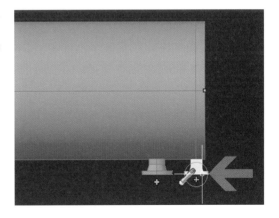

19. Home → Equipment Panel → Create를 클릭합니다. 마지막으로 실행한 Equipment의 템플릿이 나타납니다.

20. Create Equipment 대화상자에서 다음과 같이 설정합니다.

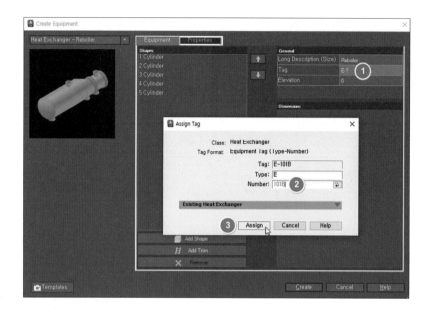

- General 아래 Tag 필드를 클릭합니다.

- Assign Tag 대화상자의 Number에서 101B를 입력합니다.

- Assign을 클릭합니다.

21. Create Equipment 대화상자에서 Create를 클릭합니다.

22. insertion point 값에 '-3500,2000,3000'을 입력하고 Enter 키를 누릅니다.

23. Rotation 값에 90을 입력하고 Enter 키를 누릅니다.

24. 두 번째 Heat Exchanger의 오른편 하단 노즐도 삭제합니다.

25. 위에 있는 Heat Exchanger의 오른쪽 아래 Nozzle을 Ctrl+왼쪽 마우스 클릭❶으로 선택 후, Edit Nozzle 그립❷을 클릭합니다.

26. Nozzle 대화상자에서 다음과 같이 입력합니다.

- Nozzle 목록에서 N-3를 선택합니다.

- Change Location 탭으로 전환합니다.

- H 필드에 4300을 입력합니다.

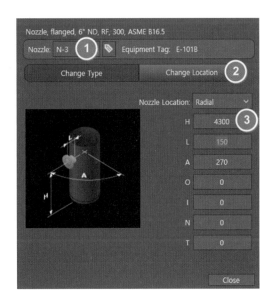

- Nozzle 목록에서 N-5를 선택합니다.

- H 필드에 500을 입력합니다.

- Close를 클릭합니다.

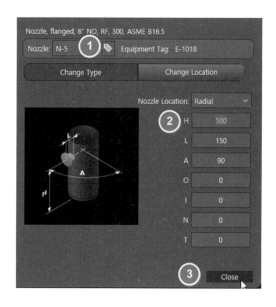

27. 2개의 열교환기가 배치되고 노즐의 위치도 변경된 것을 확인합니다.

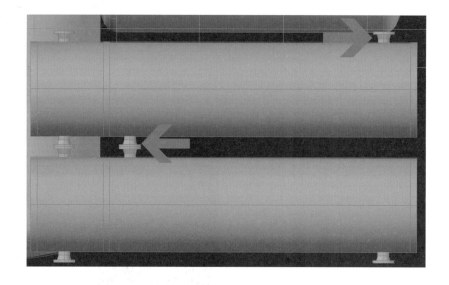

28. 파일을 저장하고 닫습니다.

■ 학습목표

- 3D 배관 모델링하기

- 배관모델을 수정하기 위해 그립 사용하기

- 배관라인에 밸브와 피팅 모델링하기

- 배관 서포트 모델링하기

배관 모델링

그림 16-1. 배관 모델링 리본 메뉴

Home 탭의 Part Insertion 패널은 배관 모델링과 관련된 다양한 메뉴를 포함하고 있습니다. 배관을 배치하기 전에 스펙, 사이즈, 라인 번호 등을 지정할 수 있습니다.

Route Pipe 도구는 모델에서 배관라인을 모델링하기 위해 사용합니다. Equipment의 노즐에 배관을 연결하기 위해서 Node OSNAP을 이용하여 배관 모델링의 시작점 또는 종료점으로 사용할 수 있습니다.

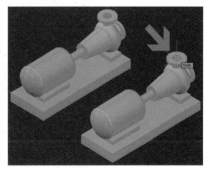

그림 16-2. 노즐 Node OSNAP

배관을 모델링하는 동안 배관의 방향을 조정하는 컴퍼스(Compass)가 나타나는데, 이는 정확히 원하는 위치에 배관라인을 놓는 데 도움이 됩니다. Ctrl 키를 누르고 오른쪽 마우스를 클릭하면 X, Y, Z축으로 순환됩니다.

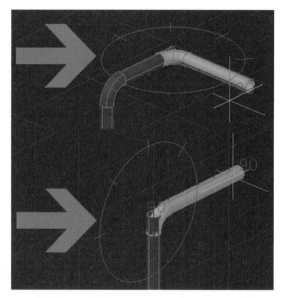

그림 16-3. 컴퍼스(Compass)

배관라인의 중간 지점부터 배관이 연결될 수 있으며, 배관 스펙에서 규정된 피팅이 자동으로 생성됩니다.

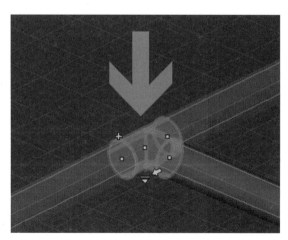

그림 16-4. 티(Tee)

배관 수정

배관라인을 클릭하면 다양한 그립이 나타납니다. 배관라인 연장, 수축, 브랜치 라인 추가, 배관 높이 수정 및 대체 등을 실행할 수 있는 그립들입니다.

- Move Part(이동)
- Continue Pipe Routing(브랜치 라인 추가)
- Substitute Part(대체)
- Change Pipe Elevation(높이 수정)
- Continue Pipe Routing(배관라인 연장)

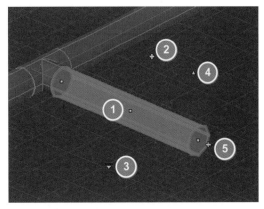

그림 16-5. 배관 수정

밸브와 피팅

도구 팔레트에 있는 심볼들을 이용하여 배관라인에 밸브와 피팅을 추가할 수 있습니다. 프로젝트의 배관 스펙에 설정되어있는 배관 사이즈와 조건이 배관라인의 조건과 일치하는 밸브와 피팅만이 모델링됩니다.

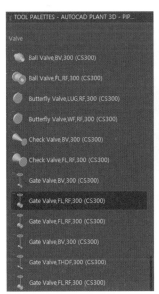

그림 16-6. 밸브 도구 팔레트

그림 16-7. 피팅 도구 팔레트

배관 서포트

3D 배관 모델에 배관 서포트를 모델링할 수 있습니다. Home탭의 Pipe Supports 패널에 배관서포트 모델링 도구가 있습니다.

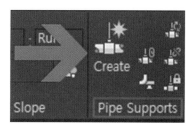

그림 16-8. Pipe Support 도구

Pipe Supports 패널의 Create를 클릭하면 그림과 같은 Add Pipe Support 대화상자가 나옵니다. 배관 서포트 종류 중에서 필요한 서포트를 클릭하여 배관라인에 서포트를 모델링할 수 있습니다.

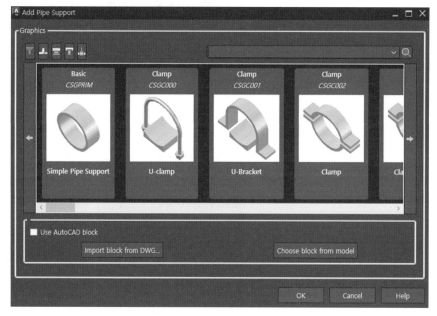

그림 16-9. Add Pipe Support 대화상자

이번 실습에서는 배관 라우팅, 밸브 추가, 추가 배관과 밸브 모델링, 배관라인 높이 변경, 배관 서포트 모델링, AutoCAD 선(Line)을 이용한 배관 모델링을 연습합니다.

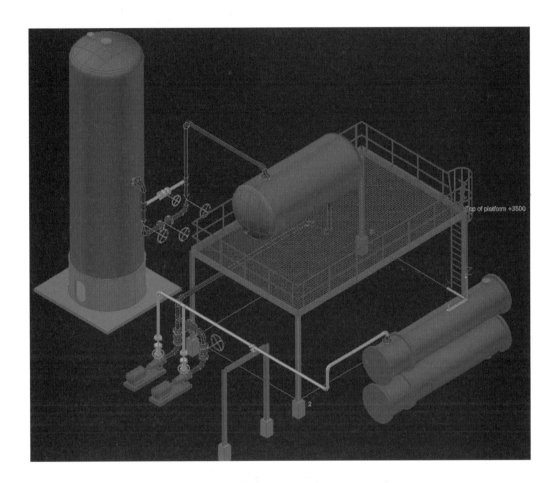

배관 라우팅

1. AutoCAD Plant 3D 2023을 시작합니다.

- Project Manager의 Current Project에서 Open을 클릭합니다.
- 'C:\Plant Design\Lesson16' 폴더에서 Project.xml 파일을 선택하고 열기를 누릅니다.

2. 프로젝트 관리자에서 Plant 3D Drawings → Piping으로 확장합니다.

3. Piping 모델을 엽니다.

4. Piping 모델은 프로젝트의 Equipment 모델을 외부 참조(XREF)하고 있습니다. 그림과 같이 탱크와 베셀을 줌인합니다. Tank 중간 정도 위에 있는 노즐에 마우스 커서를 이동합니다. 노즐의 정보가 표시됩니다.

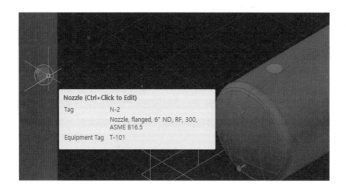

5. Home → Part Insertion 패널에서 Route Pipe의 정보를 노즐 정보와 일치시킵니다.

- 배관 스펙 CS300을 선택합니다.

- 배관 사이즈 6"를 선택합니다.

- Home → Part Insertion → Route Pipe 도구를 클릭합니다.

6. 시작점을 지정하기 위해서 Node OSNAP을 이용하여 Tank 노즐을 클릭합니다.

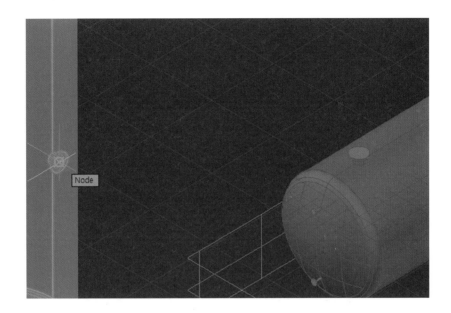

7. Compass Plane을 회전하려면, Ctrl 키를 누른 채 오른쪽 마우스를 클릭합니다. 커서를 밑으로 이동시키고 2000을 입력합니다.

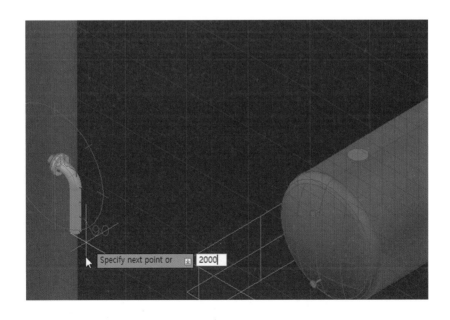

8. 컴퍼스를 회전하려면, Ctrl 키를 누른 상태에서 오른쪽 마우스를 클릭합니다. 마우스 커서를 우측으로 이동시키고 2000을 입력합니다.

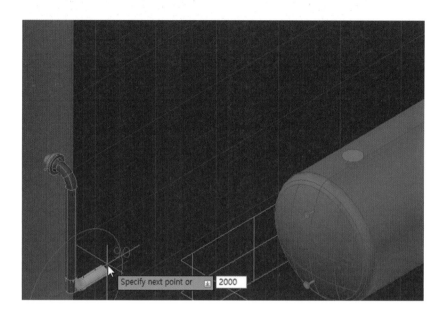

9. 다음 지점을 지정하려면, 그림처럼 베셀의 Nozzle을 Node OSANP을 이용하여 클릭합니다.

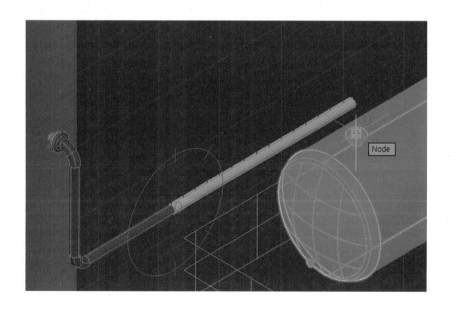

10. 임시 배관라인이 베셀 노즐까지 모델링되고, 팝업 메뉴가 나옵니다. 팝업 메뉴에서 Next 를 클릭합니다.

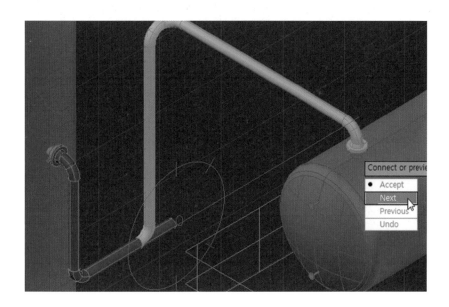

11. 두 번째 임시 배관 라우팅 모델링이 보입니다. Accept를 클릭합니다.

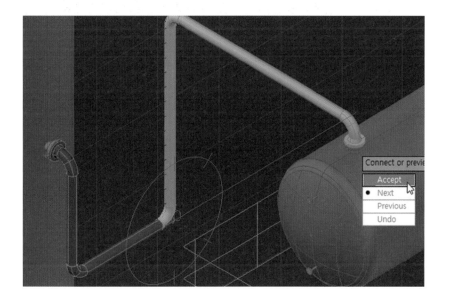

12. 탱크의 노즐에서 베셀의 노즐까지 하나의 배관라인이 완료됩니다.

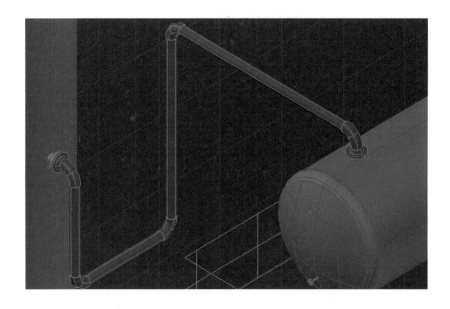

13. 짧은 수직 배관을 클릭하고 중간 Continue Pipe Routing 그립(+)을 클릭합니다.

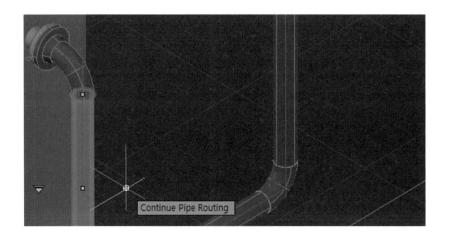

14. 다음 지점을 정하기 위해, Nearest 또는 Perpendicular OSNAP을 이용하여 긴 수직 배관을 클릭합니다.

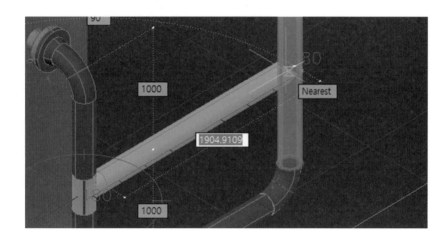

15. 2개의 수직 배관에 티(Tee)가 자동으로 생기고, 수평 배관라인이 모델링됩니다.

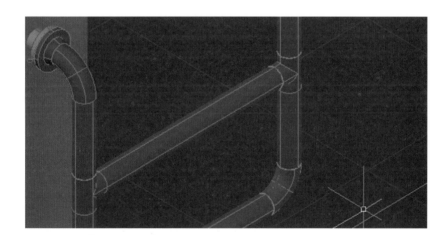

16. 새로 모델링한 배관 사이즈를 바꾸기 위해 다음과 같이 설정합니다.

- 배관라인을 클릭하고 CH를 입력
  하여 특성창을 엽니다.
- 특성창이 나타나면, Size 필드를
  클릭하여 4"로 변경합니다.

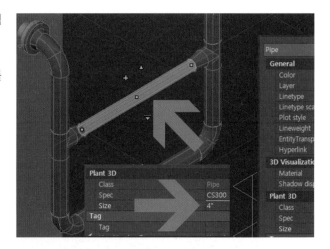

17. Esc 키를 누릅니다. 4" 배관과 2
개의 레듀서 피팅이 6" Tee와 연결
됩니다.

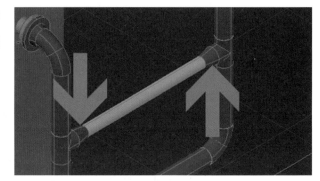

18. 'Tee+Reducer'를 사용하지 않고 Reducing Tee로 대체하려면 다음과 같이 합니다.

- 오른쪽 Tee를 클릭합니다.
- Substitute Part 그립(↓)을 클릭합
  니다.

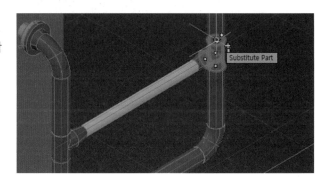

19. 팝업 선택창에서 '6"×4" TEE (RED)'를 클릭하면 Reducer가 Reducing Tee로 대체됩니다.

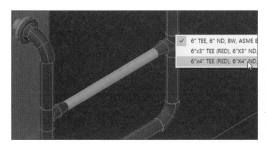
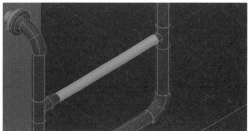

20. 왼쪽에 있는 'Tee+Reducer'도 '6"×4" TEE (RED)'로 대체 작업을 반복합니다.

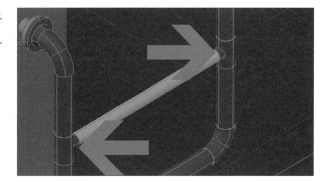

밸브 추가

1. 도구 팔레트의 Dynamic Pipe Spec 탭을 스크롤 다운하여 'Globe Valve,FL,RF,300'을 클릭합니다.

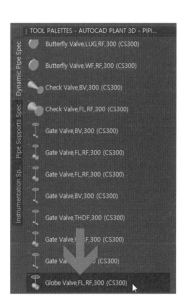

2. 밸브의 삽입 위치를 정하려면 다음과 같이 합니다.

- 커서를 4" 평행 배관에 가져갑니다.

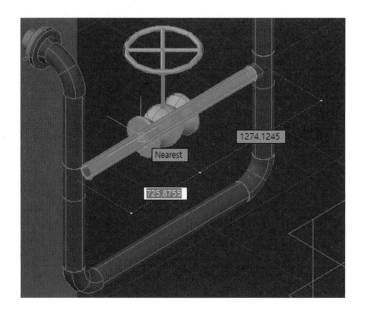

- 현재 Valve의 왼쪽 면이 Basepoint로 되어있습니다. 오른쪽 마우스 클릭하여 팝업 메뉴에서 Basepoint를 클릭합니다. Valve의 오른쪽 면이 Basepoint로 지정됩니다.
- Valve의 중앙점을 Basepoint로 지정하려면 다시 오른쪽 마우스 클릭하여 팝업 메뉴에서 Basepoint를 클릭합니다. Valve의 중앙점이 Basepoint로 지정됩니다.

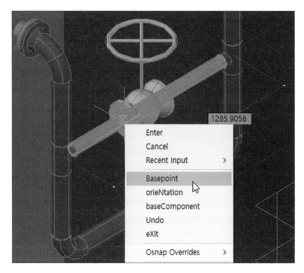

■ 다이내믹 디멘션의 왼쪽 박스에 1000을 입력하고 Enter 키를 누릅니다.

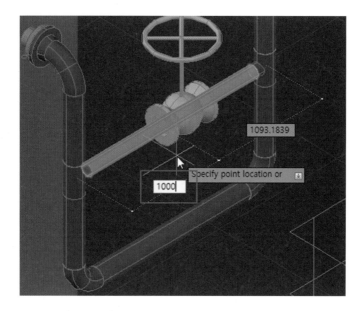

■ 마우스를 앞으로 이동시켜 Valve 핸들 방향을 앞으로 하기 위해 90을 입력하고 Enter 키를 누릅니다.

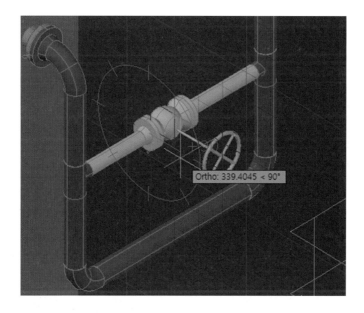

3. 도구 팔레트에서 'Gate Valve,FL,RF,300'을 클릭 합니다.

4. Globe Value 밑의 6" 배관라인에 Gate Valve 를 달기 위해 위의 절차를 반복합니다.

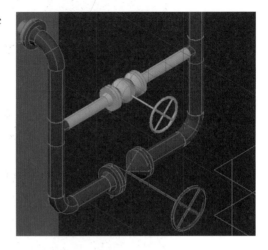

5. 도구 팔레트에서 'Gate Valve,BV,300'을 클릭합 니다.

6. 밸브의 삽입 위치를 지정하기 위해 Elbow의 Endpoint OSNAP을 클릭합니다.

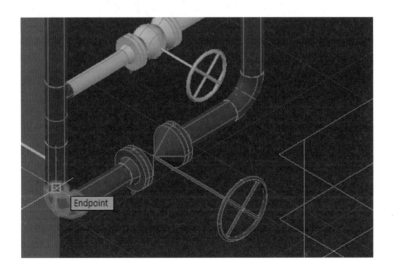

7. 마우스를 앞으로 이동하여 밸브의 핸들 방향을 앞 방향에 클릭합니다.

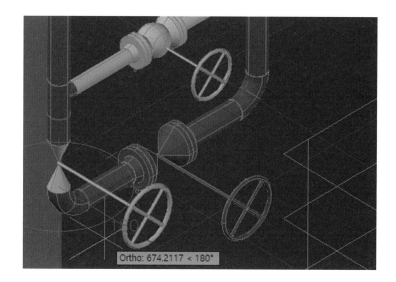

8. 두 번째 밸브의 삽입 위치를 지정하기 위해 반대편 Elbow의 Endpoint OSNAP을 클릭합니다. 마우스를 앞으로 이동하여 밸브의 핸들 방향을 앞 방향에 클릭합니다.

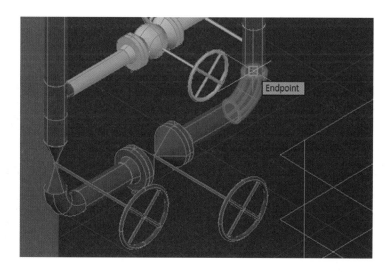

9. Esc 키를 누릅니다.

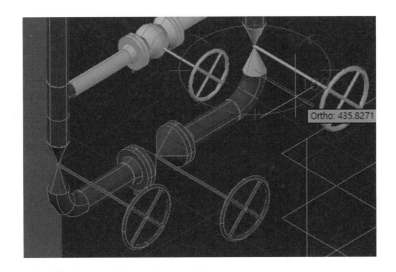

10. 배관라인에 Line Number를 추가하려면 다음과 같이 합니다.

- Pipe를 선택하여 오른쪽 마우스를 클릭합니다.

- Add To Selection → Connected Line Number를 클릭합니다.

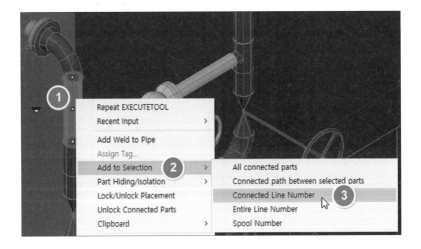

- 배관에 연결된 모든 파트가 선택됩니다.

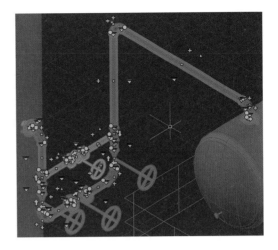

- CH를 입력하여 특성창을 엽니다. 특성창의 Line Number Tag 목록에서 New를 클릭합니다.

- Assign Tag 대화상자에서 Number 필드에 1001을 입력하고 Assign을 클릭합니다.

- Esc 키를 누릅니다. 배관라인 선택을 해제합니다.

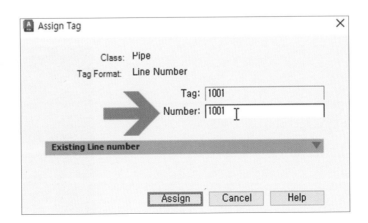

- 마우스 커서를 임의의 배관라인 위에 올려놓으면 1001 라인넘버 정보를 표시해줍니다.

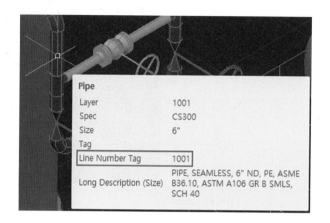

추가 배관과 밸브 모델링

1. Pump 2대를 줌인하여 왼쪽 펌프 Nozzle 위에 커서를 가져갑니다. 노즐 정보를 확인 합니다.

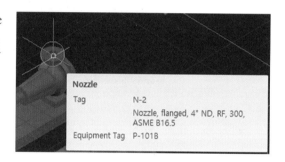

2. Home → Part Insertion 패널에서 노즐의 정보와 동일하게 설정합니다.

- CS300 스펙을 선택합니다.
- 4"를 선택합니다.
- Unassigned를 클릭하고 Route New Line을 선택합니다.

3. Assign Tag 대화상자에서 Number
항목엔 1002를 입력하고 Assign을
클릭합니다.

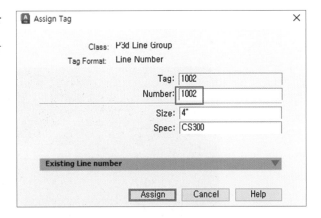

4. Route Pipe를 클릭하고, Start
Point 프롬프트에서 펌프 위 노즐에
Node OSNAP으로 클릭하여 선택합
니다.

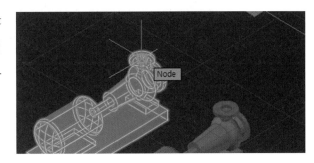

5. 다음 위치 점을 정하려면, 커서를 위로 향하고 1500을 입력하고 Enter 키를 누릅니다.

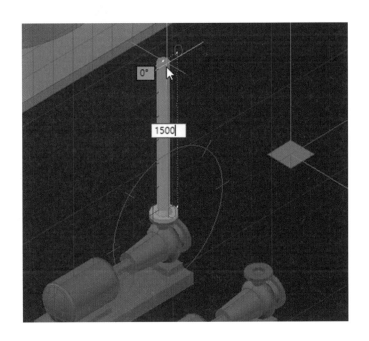

6. 배관이 모델링되면, Ctrl+오른쪽 마우스로 컴퍼스의 방향을 그림과 같이 변경합니다.

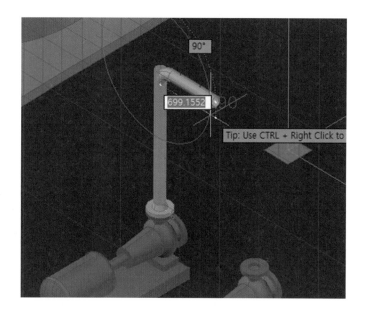

7. 다음 위치 점을 정하려면, Heat Exchanger 위에 위치한 Nozzle의 Node를 선택합니다.

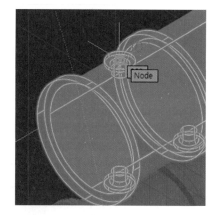

8. 자동 라우팅으로 임시로 연결된 배관라인을 보여줍니다. Accept를 클릭합니다.

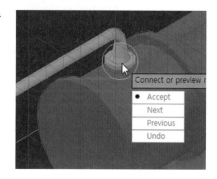

9. 배관라인 1002의 라우팅이 완료됩니다.

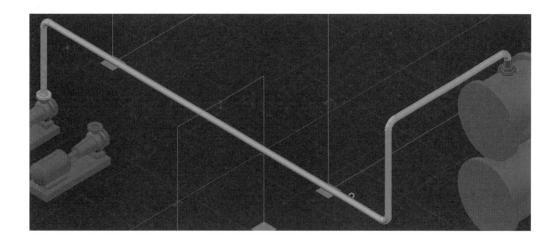

10. 도구 팔레트에서 Check Valve,FL,RF,300을 클릭합니다.

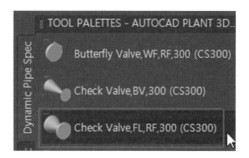

11. 체크밸브를 Pump P-101B 위의 노즐에 Node OSNAP을 이용하여 삽입합니다.

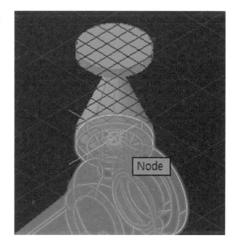

12. 체크밸브의 방향을 위해 180을 입력하고
Enter 키를 누릅니다. Esc 키를 누릅니다.

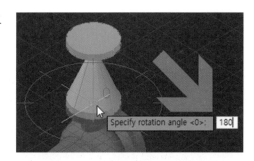

13. 방금 설치한 체크밸브를 클릭하여 선택한 후
Continue Pipe Routing 그립을 클릭합니다.

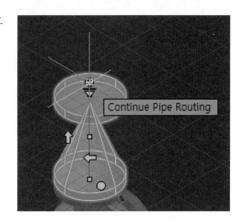

14. 모델영역에서 오른쪽 마우스를 클릭하고
pipeFitting을 선택합니다.

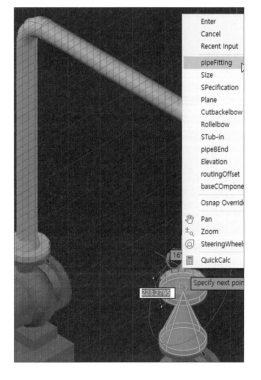

15. Fitting 대화상자에서 다음과 같이 설정합니다.

- Valves를 선택합니다.

- Class Types에서 Gate Valve를 선
  택합니다.

- Available Piping Components 항
  목에서 '4" Gate Valve, Double
  Disc, 300 LB, RF'를 선택합니다.

- Place를 클릭합니다.

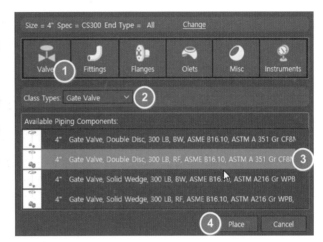

16. 다시 모델영역에서 오른쪽 마우스를 클릭하고,
Fitting-to-fitting을 클릭합니다.

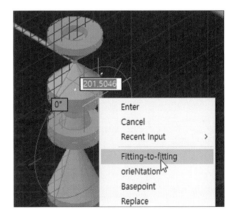

17. Next Point 프롬프트에서 0을 입력하고 Enter
키를 누릅니다.

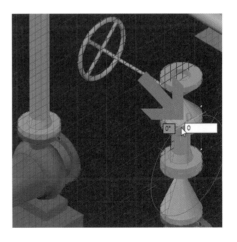

18. Rotation 프롬프트에서 135를 입력하고 Enter 키를 누릅니다.

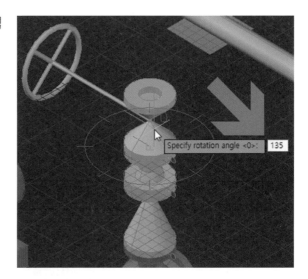

19. Next Point 프롬프트에서 평행 배관에 Nearest OSNAP으로 클릭하여 연결합니다.

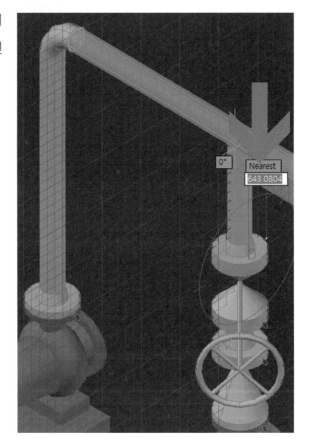

20. 티(Tee)를 이용하여 정확히 2개의 배관라인이 직각으로 연결된 것을 확인합니다.

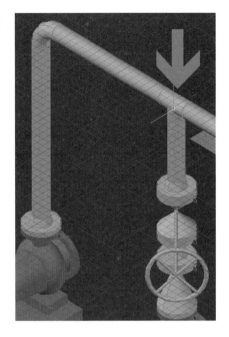

21. Viewcube의 NE Isometric View로 설정하고, 펌프를 확대합니다.

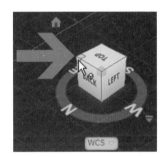

22. 왼쪽 펌프에 연결된 Elbow, Pipe와 Flange를 선택하고 Delete 키를 누릅니다.

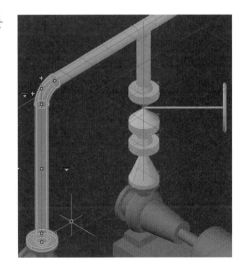

23. AutoCAD Window Crossing으로 오른쪽 펌프 노즐 위의 체크밸브부터 배관까지 선택합니다.

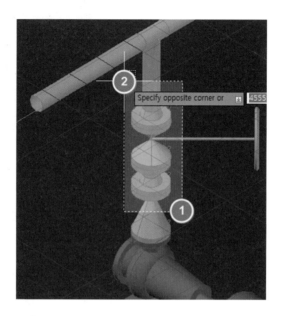

24. 선택된 객체들을 왼쪽 펌프 노즐 위로 복사하기 위해, 선택된 객체 위에서 오른쪽 마우스 클릭한 후 Copy Selection을 클릭합니다.

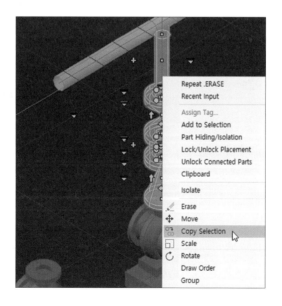

25. Base Point 프롬프트에서 Node OSNAP을 이용하여 클릭합니다.

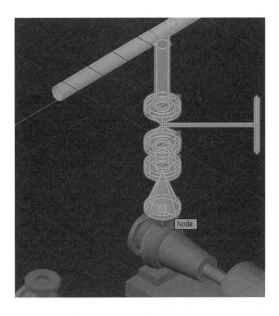

26. 복사할 위치인 Second Point 프롬프트에서 왼쪽 펌프 노즐의 Node OSNAP을 이용하여 클릭합니다. Esc 키를 누릅니다.

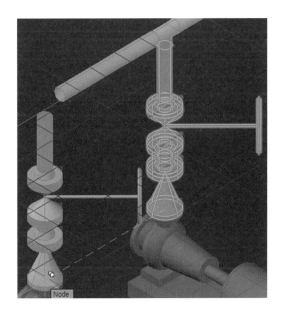

27. 복사된 객체 중에서 수직 배관을 클릭하여 선택합니다. Continue Pipe Routing 그립을 클릭합니다.

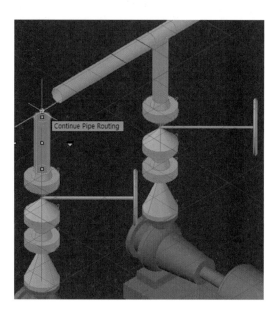

28. Next Point를 정하려면, 수평 배관의 끝점 Node를 클릭합니다.

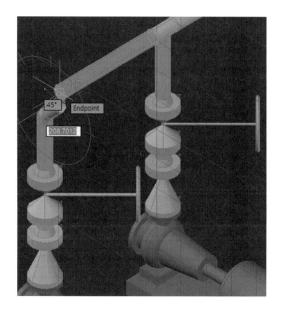

29. Elbow가 임시로 생기면서 배관이 연결됩니다. Enter 키를 눌러 현재 설정을 수락합니다.

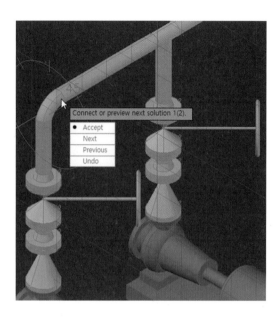

30. 그림과 같이 엘보우가 연결되고 모델링이 완성됩니다.

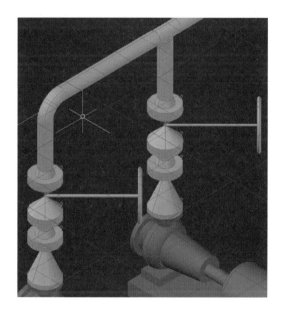

배관라인 높이 변경

1. 4" 배관라인 전체모습을 볼 수 있도록 뷰를 다음과 같이 설정합니다.

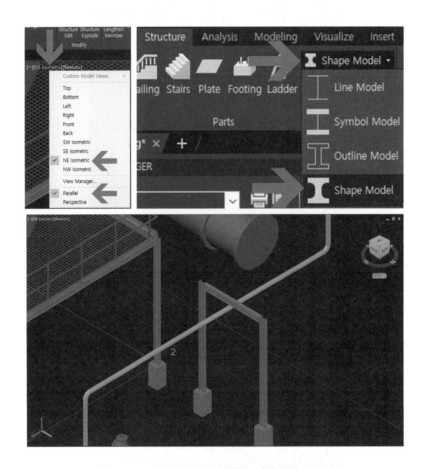

2. 1002 배관라인의 수평 부분을 클릭합니다. Change Pipe Elevation 그립(↑)을 클릭합니다.

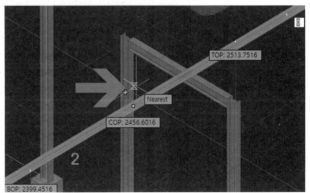

3. TAB 키를 누르면 COP 상자가 활성화됩니다. TAB 키를 한 번 더 누르면 BOP 상자가 활성화됩니다. 3148을 입력하고 Enter 키를 누릅니다.

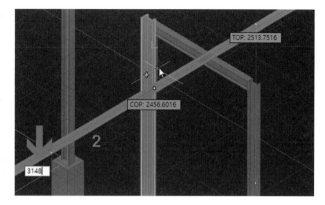

4. 명령이 완료되고, 배관의 높이가 변경됩니다. 뷰를 변경하여 배관라인이 철골 구조 위로 이동한 것을 확인합니다.

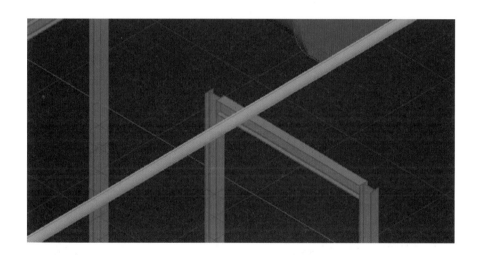

배관 서포트 모델링

1. Home → Pipe Supports → Create를 클릭합니다.

2. Pipe Support 목록에서 'Clamped shoe/slide/anchor 1(CSGB001)'을 선택하고 OK를 클릭합니다.

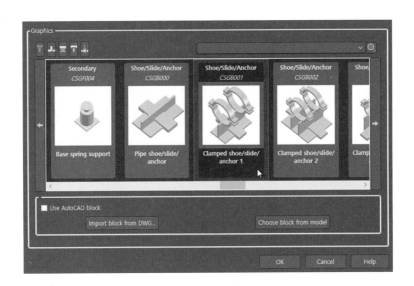

3. Pipe에 Support를 추가하기 위해 가로로 놓인 Structure 윗부분의 배관에 마우스를 이동합니다. 서포트 사이즈가 배관 사이즈에 맞춰 조정되고, Nearest OSNAP을 이용하여 배관을 클릭합니다.

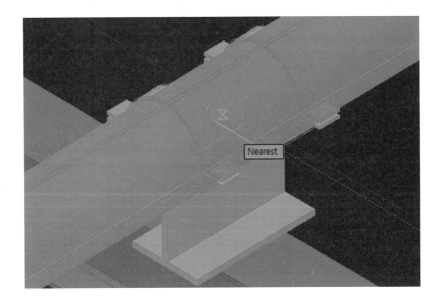

4. Pipe Support의 특성창에서 Support의 속성을 살펴봅니다.

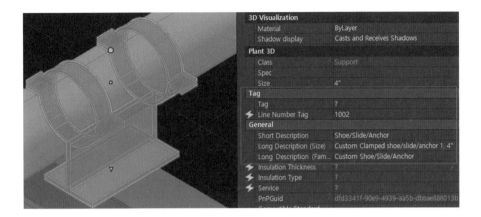

AutoCAD 선(LINE)을 이용한 배관 모델링

1. Home → Visibility 패널의 Hide Selected 도구를 사용하여 Steel Structures를 클릭하여 숨깁니다.

2. Viewcube Orbit 또는 Shift+마우스 휠을 사용해 아래와 비슷한 뷰를 만듭니다.

3. 리본 메뉴 Insert → Block → Insert를 클릭하여 Pipe Lines를 선택합니다.

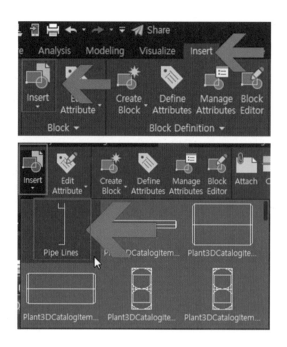

4. Insertion Point 프롬프트에서 Vessel의 밑에 있는 노즐의 Node OSNAP을 이용하여 연결합니다. AutoCAD Line이 모델에 추가됩니다.

5. 삽입된 AutoCAD Line은 블록이고, Explode하여 Line 객체로 변경해야 합니다. AutoCAD Line을 클릭하고 명령창에서 EXPLODE를 입력하고 Enter 키를 누릅니다.

6. Home → Part Insertion 패널에서 6"으로 변경하고 Line to Pipe 도구를 클릭합니다.

7. 배관으로 변환하기 위하여 Explode한 Line을 모두 선택하고 Enter 키를 누릅니다. Explode된 라인은 여러 개의 라인으로 분리되었으므로, 개별 라인을 하나씩 클릭하여 모두 선택해야 합니다.

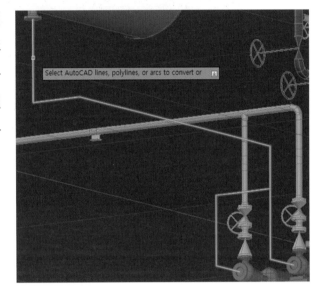

8. AutoCAD Line들이 배관모델로 변환됩니다.

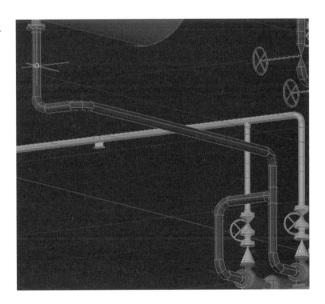

9. 도구 팔레트에서 'Globe Valve,FL,RF,300'을 사용하여 그림과 같이 Globe Valve를 설치합니다.

10. 파일을 저장하고 닫습니다.

■ 학습목표

• 3D 모델로부터 Orthographic뷰와 도면 만들기

• 주석(Annotation) 과 치수(Dimensioning) 입력하기

• 3D 모델의 변경내용 2D 도면에 반영하기

2D 도면 Orthographic drawing

Plant 3D 모델에서 2D 플랜 도면으로 만든 것을 Orthographic 도면이라고 부릅니다. 여러 개의 Orthographic 뷰를 만들어 Orthographic 도면에 배치합니다. 이 도면에 주석과 치수를 입력하여 2D 플랜 도면을 생성합니다.

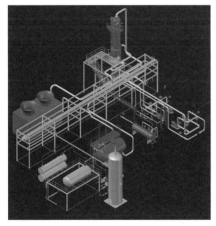

그림 17-1. 3D Model

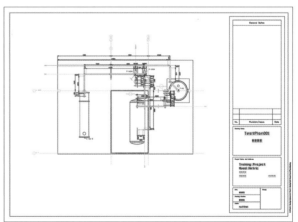

그림 17-2. Orthographic View와 Orthographic Drawing

Orthographic 도면과 뷰 만들기

Orthographic 도면을 만들기 위해서 프로젝트 관리자에서 다음과 같이 합니다.

- Orthographic DWG 탭을 클릭합니다. Orthographic Drawing 폴더 구조에서 도면 파일과 뷰를 관리합니다.
- 전체 프로젝트 폴더 아래 Orthographic Drawings라는 전용 폴더가 있습니다.
- 도면 파일의 종류입니다.
- 도면 파일에 배치되어있는 뷰 목록이 표시됩니다.

그림 17-3. Orthographic DWG 폴더 구조

Orthographic 도면을 열면 리본 메뉴의 Ortho View와 Layout 탭이 생기며 Orthographic 도면 작업 시에만 생기는 메뉴와 명령 도구가 나타납니다.

그림 17-4. Ortho View와 Layout 탭 및 명령 도구

새로운 뷰를 만들기 위해 New View 도구를 클릭하면, 뷰의 범위와 뷰의 방향 설정을 도와주는 박스가 나타납니다. Ortho Cube 라고 부르고, Ortho Cube를 마우스로 클릭하여 뷰를 조정합니다.

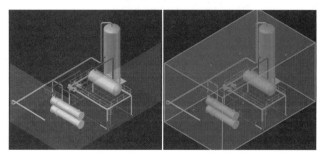

그림 17-5. Ortho Cube와 그립

새로운 뷰를 만들기 위해 Ortho Editor 탭에 새로운 명령 도구들이 나타나며, 다음 목록과 같은 내용을 설정할 수 있습니다.

그림 17-6. Ortho Editor 도구 메뉴

- 뷰(평면, 정면, 우측면 등)

- 뷰에 포함할 3D 모델 선택

- 축척(Scale)

하나의 Orthographic 도면에 여러 개의 뷰를 배치할 수 있습니다. Adjacent View 명령 도구로 최초 배치된 뷰의 설정을 이용하여 정면도 또는 측면도 등을 쉽게 만들 수 있습니다.

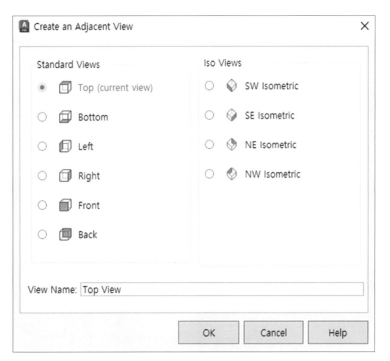

그림 17-7. Adjacent View 대화상자

주석 Annotations

Orthographic 도면에서 3D 모델 객체
가 갖고 있는 정보를 이용하여 정확하게
주석을 배치할 수 있습니다. 그림 17-8
처럼 모델 안의 태그 번호와 라인 번호
를 이용하여 Orthographic 뷰 안에서 주
석을 만들 수 있습니다.

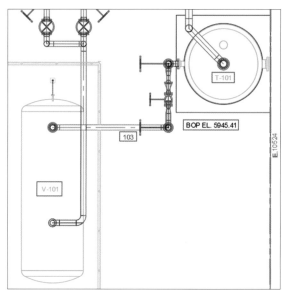

그림 17-8. 주석 Annotation

치수 Dimensions

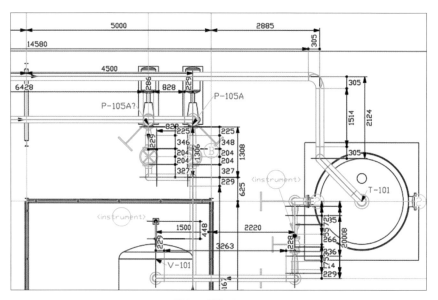

그림 17-9. 치수 Dimension

Orthographic 뷰에서 AutoCAD 표준 치수(Dimensioning) 도구를 이용해 치수를 넣을 수 있습니다.

뷰 업데이트

3D 모델로부터 생성된 Orthographic 도면의 3D 모델에 변경이 생겼을 때 쉽게 업데이트할 수 있습니다. 모델의 특성, 태그 번호, 주석, 모델의 형상 등이 업데이트됩니다. Orthographic 도면에 배치된 주석도 모델 정보 변경에 따라서 업데이트됩니다. 단, Orthographic 도면에 배치된 치수는 자동 업데이트가 안 되므로 필요한 경우에 치수는 직접 수정해야 합니다.

단선 표기 Single Line Display

복잡한 배관 도면에서 배관라인의 표시를 단선(Single Line)으로 표시할 수 있습니다.

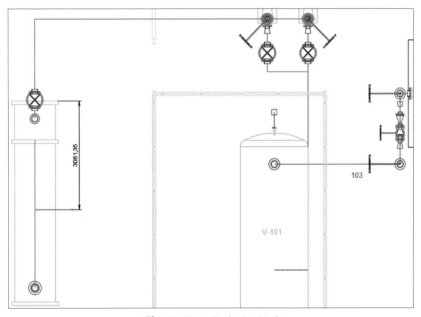

그림 17-10. Piping Single Line Display

이번 실습에서는 2D 도면 만들기, 인접 뷰 만들기, 섹션 뷰 만들기, 주석 추가하기, 치수 추가하기를 연습합니다.

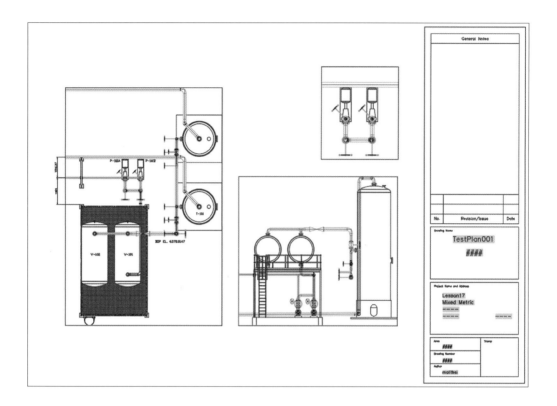

2D 도면 만들기

1. AutoCAD Plant 3D 2023을 시작합니다.

- Project Manager의 Current Project에서 Open을 클릭합니다.
- 'C:₩Plant Design₩Lesson17' 폴더에서 Project.xml 파일을 선택하고 열기를 누릅니다.

2. 프로젝트 관리자의 Orthographic DWG 탭에
서 TestPlan001 도면을 엽니다. 도면을 직접 더블
클릭합니다.

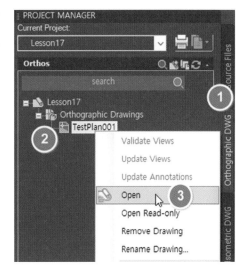

3. 도면이 열리면 Ortho View 메뉴 탭이 생깁니다. Ortho
View → Ortho Views → New View를 클릭합니다.

4. Select Reference Models 대화상자가 나옵니다. 새로운 뷰에 포함될 모델을 모두 선택하고
OK를 클릭합니다.

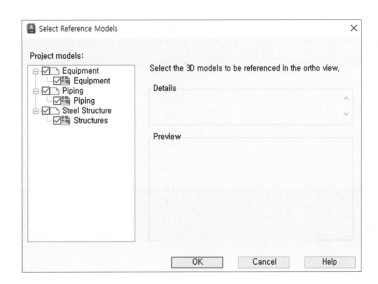

5. 모델화면에 Ortho Cube와 함께 3D 모델이 나타납니다. Ortho Cube를 클릭합니다. Cube의 여섯 면에 나타난 화살표 그립을 클릭하여 Cube 크기를 조정할 수 있습니다.

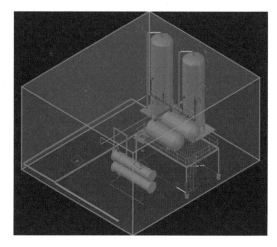

6. 왼쪽 면의 화살표 그립을 클릭하여 8000 입력 후, Enter 키를 누릅니다.

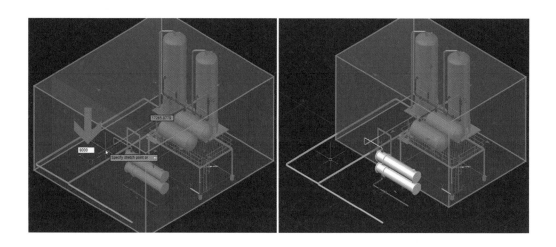

7. Orthographic 도면 설정에서 Ortho Cube의 'Top'과 축척의 '1:50'을 선택 후 OK를 클릭합니다.

플랜트 설계용 AutoCAD P&ID Plant 3D 입문 실습

8. 마우스 커서에 뷰 윤곽이 보이면, Insertion Point 프롬프트에서 도면 좌측에 클릭하여 뷰를 배치합니다. 선택된 3D 모델을 실시간 뷰 안으로 불러옵니다.

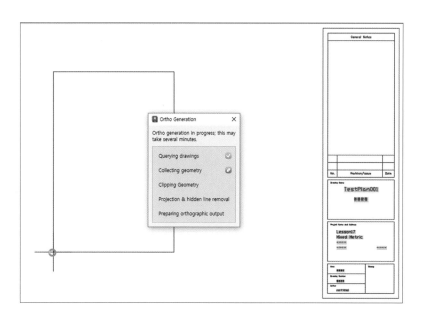

9. 그림과 같이 뷰 배치가 완료됩니다.

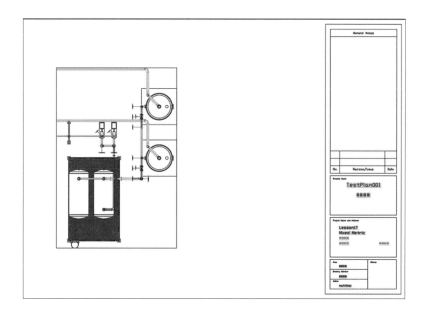

인접 뷰 만들기 Adjacent Views

1. Ortho View → Ortho Views → Adjacent
View를 클릭합니다.

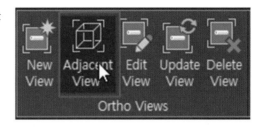

2. 도면에서 배치된 뷰의 경계선을 클릭
합니다.

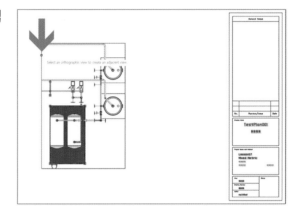

3. Create an Adjacent View 대화상자가 나타나면 Front를 선택하고 OK를 클릭합니다.

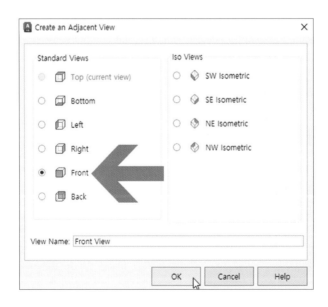

4. 도면의 Top View 옆에 Front View를 배치합니다.

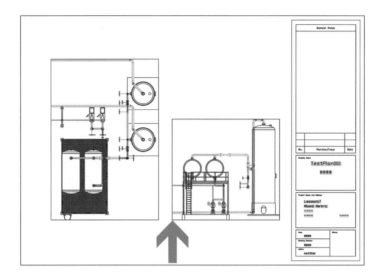

섹션 뷰 만들기 Section View

1. Ortho View → Ortho Views → New View를 클릭합니다.

2. Select Reference Models 대화상자에서 Equipment, Structures, Piping 모델을 모두 선택하고 OK를 클릭합니다.

3. Ortho Editor → Ortho Cube 패널에서 아래와 같이 설정합니다.

- View를 Top으로 정합니다.
- Scale을 1:30으로 설정합니다.

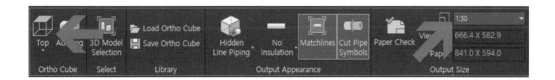

4. 모델영역에서 모델을 Top 뷰로 변경합니다.

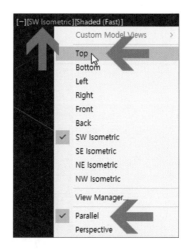

5. 화살표 그립을 이용하여 Pump만 둘러싸도록 Ortho Cube를 조정합니다.

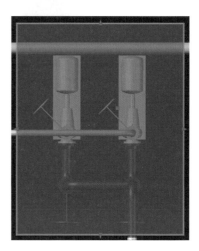

6. 모델영역에서 모델을 Back 뷰로 변경합니다.

7. 화살표 그립을 이용하여 Pump만 둘러싸도록 Ortho Cube를 조정합니다.

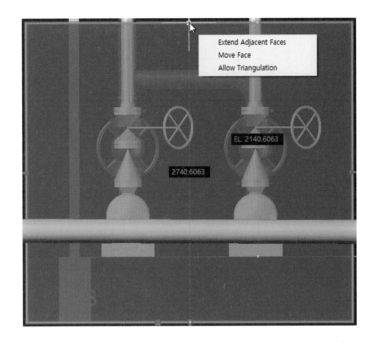

8. OK를 클릭하고 다음 그림과 같이 뷰 우측 상단에 배치합니다.

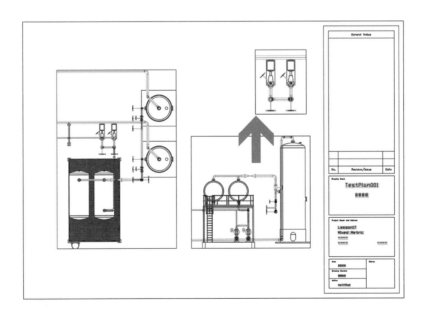

주석 추가하기

1. Top View의 뷰를 확대합니다. Platform에 있는 Vessel의 주석을 추가하기 위해 모델 공간에 오른쪽 마우스를 클릭합니다. 그림과 같이 'Equipment Annotation [Tag]'를 선택합니다.

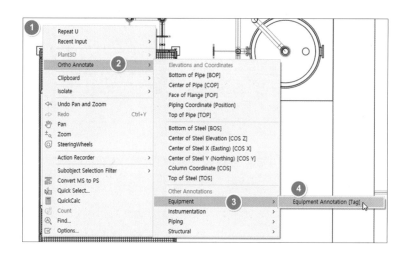

2. 모델의 좌측 Vessel을 클릭합니다.

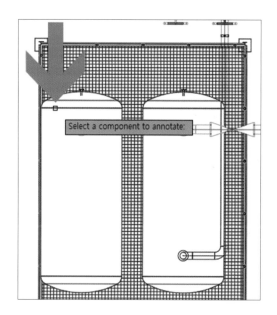

3. 마우스 커서에 Vessel 태그 번호가 자동으로 붙으면, Vessel 중앙에 주석을 클릭하여 배치합니다.

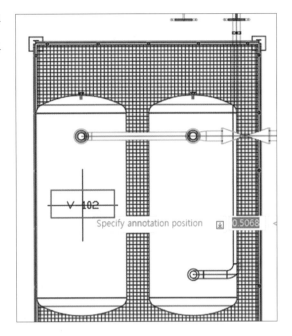

4. 같은 방법으로 4개의 Equipment Tag 주석을 배치합니다.

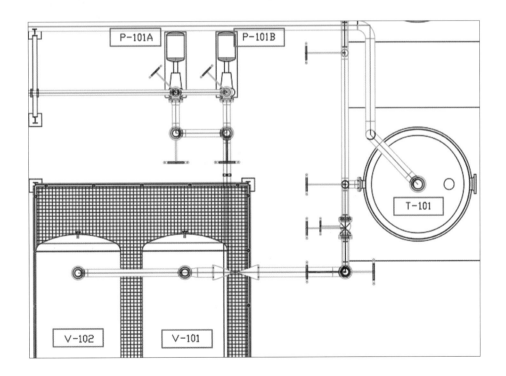

5. 배관라인의 BOP 주석을 배치하기 위
해 모델 공간에 오른쪽 마우스를 클릭합
니다. 그림과 같이 'Bottom of Pipe [BOP]'
를 선택합니다.

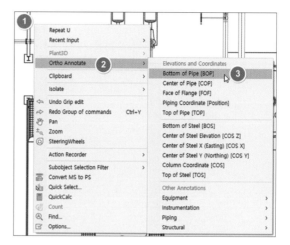

6. 그림과 같이 배관라인을 클
릭합니다.

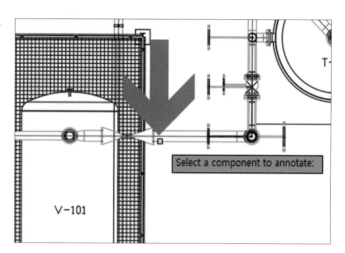

7. 마우스 커서에 BOP 정보
가 자동으로 붙으면, 배관 아
래에 주석을 클릭하여 배치합
니다.

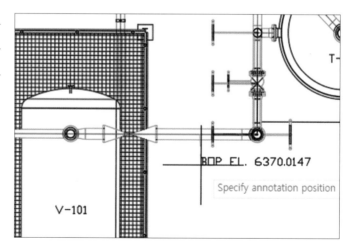

치수 추가하기

1. Ortho View → Annotations → Linear를 클릭합니다.

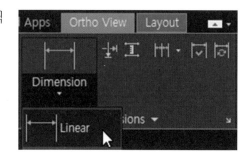

2. 뷰를 그림과 같이 펌프 왼쪽 배관라인 근처로 확대하고, OSNAP을 이용하여 클릭합니다.

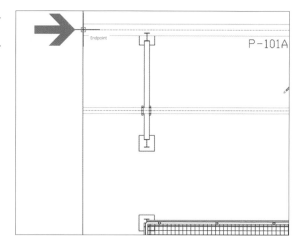

3. Endpoint OSNAP을 이용하여 두 번째 지점을 클릭합니다.

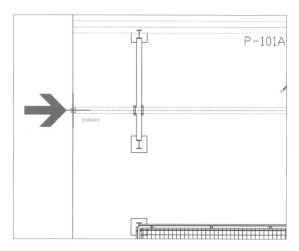

4. 마우스를 드래그하여 치수의 위치를
잡아 클릭합니다.

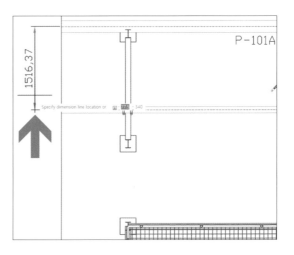

5. Continue 치수 옵션을 이용하여 연속 치수를 추가합니
다.

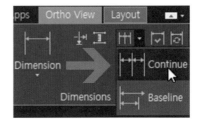

6. Endpoint OSNAP을 이용하여 Footing
끝 지점을 클릭하면 연속 치수가 추가됩니
다. Esc 키를 눌러서 명령을 종료합니다.

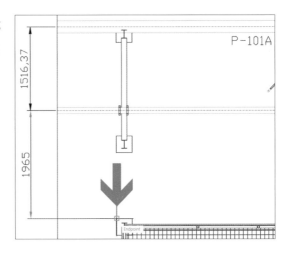

7. 파일을 저장하고 닫습니다.

- 3D 모델로부터 배관 아이소 도면(등각투영도면, Isometric Drawing) 생성하기

- Quick Iso와 Production Iso 이해하기

- 아이소 주석 삽입하기

배관 아이소 도면

배관 아이소 도면은 Plant 3D의 Isometric과 연관된 다양한 옵션 설정과 명령 도구를 활용하여 3D 모델 구성요소, 연결, 기호 그리고 여러 객체들을 필요한 추가 정보와 함께 자동 생성하는 도면입니다.

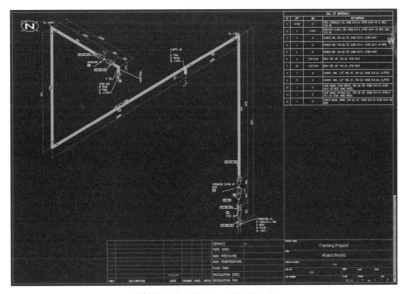

그림 18-1. Plant 3D Isometric Drawing

배관 아이소 도면 생성하기

AutoCAD Plant 3D에서 배관 아이소 도면을 생성하기 위해 주의할 것이 있습니다.

- 프로젝트 배관 스펙과 아이소 도각을 포함한 옵션 설정이 설계 조건에 맞게 설정되어야 합니다.
- 배관 파트 간의 연결점(Connection Point)이 설계 조건에 부합하도록 정확하게 연결되어야 합니다.
- 아이소 도면에 필요한 주석과 정보가 표시되도록, 3D 모델링 시 정확한 정보를 입력해야 합니다.
- 아이소 도면 생성은 자동화 프로세스이며, 이 과정 중에 모델 수정 작업은 정지되어야 합니다.

Plant 3D에서 아이소 도면을 생성하는 과정은 다음과 같습니다. Production Iso 기준으로 설명합니다.

1. Isos → Iso Creation → Production Iso 도구 명령을 실행합니다.

그림 18-2. 아이소 도구 명령

2. Create Production Iso 대화상자에서 아이소 도면을 생성할 라인 번호를 선택합니다.

- Iso Style을 선택합니다.
- Advanced 버튼을 클릭하면, 아이소 도면 생성을 위한 추가 옵션을 설정할 수 있습니다.
- Create를 클릭합니다.

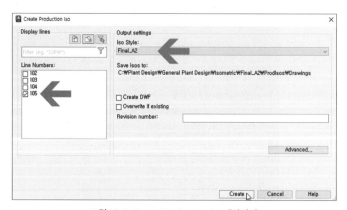

그림 18-3. Create Production Iso 대화상자

3. 모델과 정보를 읽고, 아이소 도면을 생성하는 데 시간이 걸립니다. 아이소 도면이 완성되면, Isometric Creation Complete 메시지가 나타납니다. 'Click to view isometric creation details' 메시지를 클릭합니다.

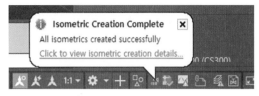

그림 18-4. 아이소 상태 메세지

4. Isometric Creation Results 대화상자에서 105.dwg를 클릭하면 아이소 도면이 열립니다. 대화상자에서 에러가 발생할 경우, 에러 원인을 파악할 수 있는 로그 파일을 볼 수 있습니다.

그림 18-5. 아이소 결과 메시지

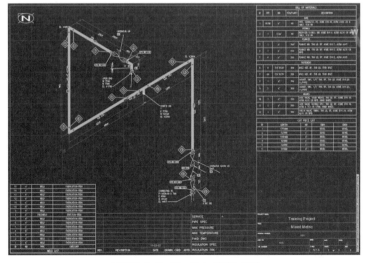

그림 18-6. Final Iso Style 아이소 도면

Quick iso & Production iso

Isos → Iso Creation 패널에는 Quick Iso 도구 명령과 Production Iso 도구 명령이 있습니다. 일반적으로 Quick Iso 도구 명령은 모델링을 하면서 AutoCAD Selection 명령으로 배관 파트들을 선택하여 설계 체크용으로 아이소 도면을 생성할 때 사용합니다. 이때 아이소 파일 이름은 항상 UserDefinedLine.dwg로 저장이 됩니다. 일반적으로 Production Iso는 설계 출도 일정에 맞추어 라인넘버 단위로 대량의 아이소 도면을 생성할 때 사용합니다. 이때 아이소 파일 이름은 보통 라인넘버를 사용합니다.

아이소 주석

Isos → Iso Annotation 패널에는 3D 모델에서 추가로 입력해주는 기호나 정보가 있습니다. 아이소 생성 시 이 명령 도구들로 입력된 기호나 정보가 아이소 도면에 표기됩니다.

그림 18-7. 아이소 주석 기호

이번 실습에서는 하나의 아이소 도면 생성하기, 샵웰드에서 필드웰드로 변경하기, 보온재 (Insulation) 추가하기, 아이소 도면 메시지 추가하기를 연습합니다.

하나의 아이소 도면 생성하기

1. AutoCAD Plant 3D 2023을 시작합니다.

- Project Manager의 Current Project에서 Open을 클릭합니다.
- 'C:₩Plant Design₩Lesson18' 폴더에서 Project.xml 파일을 선택하고 열기를 누릅니다.

2. 프로젝트 관리자에서 Piping 모델을 엽니다. Line Number Tag에서 1009를 확인합니다.

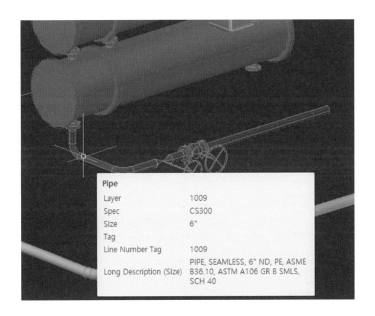

3. Isos → Iso Creation → Production Iso 도구 명령을 클릭합니다.

4. Create Production Iso 대화상자에서 Line Numbers 1009를 선택하고, Iso Style을 Final_A2
로 선택한 다음 Create를 클릭합니다.

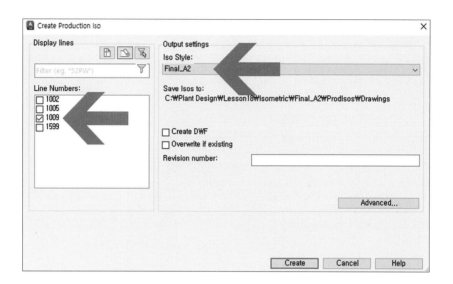

5. 아이소 작업이 완료되면, 화면 우측 하단에 아이소 생성 메시지가 나타납니다. Click to
view isometric creation details를 클릭합니다.

6. 다음 대화상자에서 '1009.dwg'를 클릭하여 아이소 도면을 엽니다.

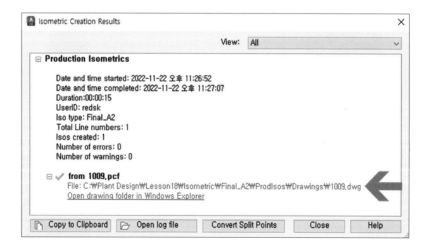

7. 아이소 도면의 심볼과 라벨을 살펴봅니다. 용접 지점의 표기, 파트 번호, 연결지점 좌표 등이 포함되었습니다.

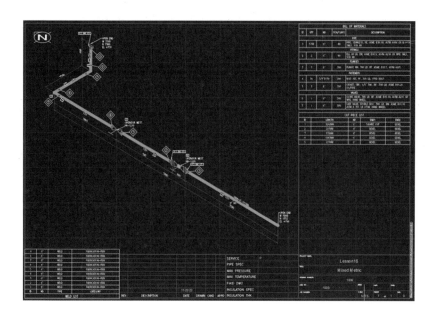

8. 오른쪽 상단의 Bill of Materials와 Cut Piece List를 살펴봅니다.

9. 왼쪽 하단의 Weld List도 살펴봅니다.

샵웰드에서 필드웰드로 변경하기

1. Piping 모델에서 Custom Visual Style을 2D Wireframe으로 변경합니다.

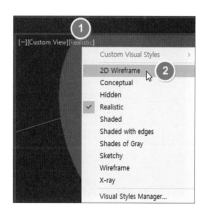

2. 배관라인 1009를 줌인합니다.

3. 명령창에서 'PLANTWELDDISPLAY'를 입력하고 ON으로 설정합니다.

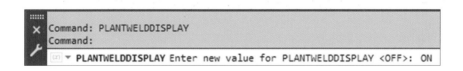

4. 파트들의 연결부위에 Connector라고 불리는 점들이 나타납니다. AutoCAD Window 옵션
(왼쪽 클릭 후, 오른쪽 대각선 클릭)을 이용하여 Connector를 선택합니다.

5. Connector에 그립이 보입니다. 그립을 오른쪽 마우스 클릭하여 Properties를 엽니다.

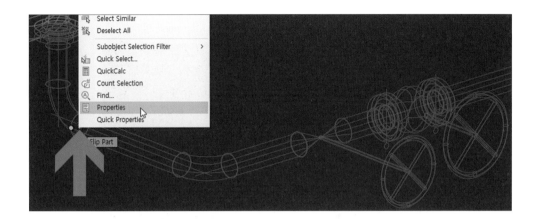

6. Properties 창에서 Connector가 선택되었는지 확인하고, 아래로 스크롤 다운하여 Shop/Field를 SHOP에서 FIELD로 변경합니다.

7. 모델을 저장합니다.

8. Isos → Create Iso → Production Iso를 실행해 1009 라인의 아이소 도면을 재생성합니다.

9. 아이소 도면이 완성되면, 아이소 도면을 열어 봅니다. 용접 심볼이 현장용접(Field Weld)으로 바뀐 것을 알 수 있습니다.

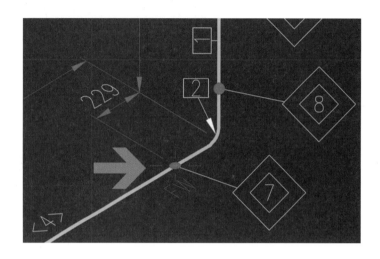

10. 아이소 도면을 저장하지 않고 닫습니다.

보온재(Insulation) 추가하기

1. Piping 모델에서 배관라인 1009의 파트 하나를 클릭하고 오른쪽 마우스 클릭하여 Add To Selection → All Connected Parts를 선택합니다.

2. 전체 라인이 선택된 상태에서 오른쪽 마우스를 눌러 Properties를 선택하고, Properties의 Process Line 영역에서 Insulation Thickness와 Insulation Type을 그림과 같이 수정합니다.

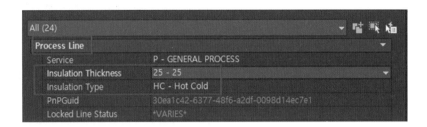

3. Insulation Symbol을 배관라인에 추가하기 위해 Isos → Iso Annotations → Insulation Symbol을 클릭합니다.

4. 다음 그림과 같이 심볼의 위치를 클릭합니다.

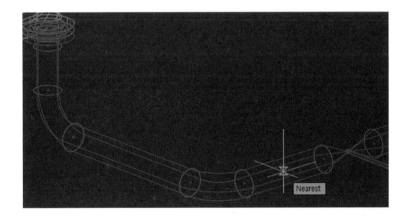

5. Piping 모델을 저장합니다.

6. 1009 라인의 아이소 도면을 재생성합니다.

7. 아이소 도면 결과를 확인합니다.

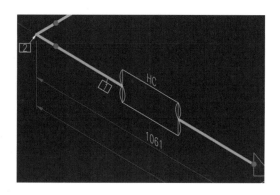

8. 아이소 도면을 저장하지 않고 닫습니다.

아이소 도면 메시지 추가하기

1. Piping 모델이 열린 상태로 Isos → Iso Annotations → Iso Message 도구 명령을 클릭합니다.

2. Create Iso Message 대화상자에서 그림과 같이 입력하고 OK를 클릭합니다.

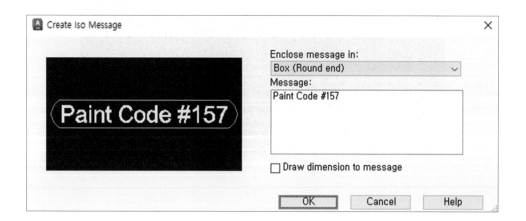

3. 배관라인 1009에 Nearest OSNAP을 이용하여 클릭합니다.

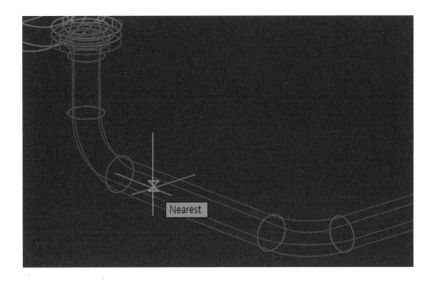

4. 배관라인에 구형 마크가 생깁니다.

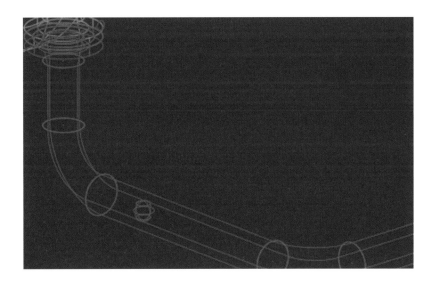

5. Piping 모델을 저장합니다.

6. 1009 라인의 아이소 도면을 재생성합니다.

7. 아이소 도면에 나타나는 Iso Message의 결과를 확인합니다.

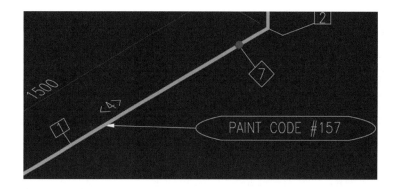

8. 아이소 도면을 저장하지 않고 닫습니다.

> ☑ **TIP**
>
> 3D 기계모델(Equipment Model)은 다양한 방법으로 할 수 있습니다. 오토데스크 인벤터와 같은 기계모델링 전용 소프트웨어에서 모델링하여 Plant 3D로 불러올 수 있습니다. 또는 AutoCAD 3D 모델링 기능을 이용하여 모델링할 수 있습니다. Plant 3D로 기계모델을 불러올 때, 명심할 사항들입니다.
>
> · 솔리드 형상
> · 모델 파일의 사이즈를 최대한 줄이기
> · 노즐 형상을 정확히 표현하기
> · Plant 3D로 불러온 후, Convert Equipment 명령 도구를 이용하여 Plant 3D Equipment로 등록하기

제19과　배관 스펙과 카탈로그

■ 학습목표

- 스펙 편집기에서 배관 스펙 만들기

- 스펙 편집기에서 브랜치 테이블 만들기

- 카탈로그 활용하기

스펙 편집기 Spec Editor

스펙 편집기(Spec Editor)는 배관 스펙을 만들고 수정하는 데 사용됩니다. 프로젝트에 필요한 배관 구성요소를 복사하고, 프로젝트에 스펙 설정 변경 기능을 제공합니다. 또한 스펙 편집기는 브랜치 테이블 편집기(Branch Table Editor)와 카탈로그 편집기(Catalog Editor)의 기능을 제공합니다. 스펙 시트(Spec Sheet)에 필요한 부품을 카탈로그에서 선택하여 추가합니다.

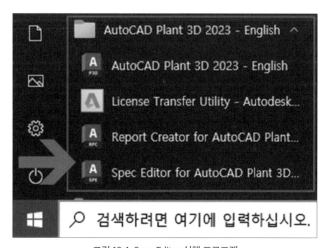

그림 19-1. Spec Editor 실행 프로그램

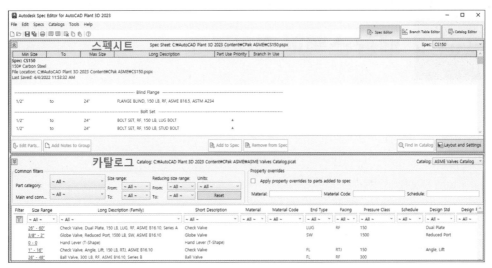

그림 19-2. Spec Editor

스펙 시트 Spec Sheet

스펙 편집기에서 카탈로그의 부품을 선택하여 Add to Spec 버튼으로 스펙 시트(Spec Sheet)에 추가합니다. 그런 다음 특정 배관 크기에 대해 라우팅할 때 사용할 부품(Part)을 선택할 수 있습니다. 스펙 시트에서는 배관 모델링에서 이용할 수 있는 여러 가지 부품 목록을 볼 수 있습니다. 이 부품들은 그룹으로 목록화되어있습니다. Plant 3D에서 모델링할 때 동일한 부품이 여러 개 있을 경우, 어느 것을 우선순위로 사용할 것인지를 지정할 수 있습니다. 부품 옆의 녹색 점은 우선순위로 설정되었다는 것을 의미합니다.

브랜치 테이블 편집기 Branch Table Editor

스펙 편집기에서 부품 옆의 녹색 체크 마크는 브랜치 테이블에도 등록되어있다는 것을 의미합니다. AutoCAD Plant 3D에서 배관라인을 연결할 때 사용될 피팅(Fitting) 부품을 지정하기 위하여 브랜치 테이블(Branch Table)을 사용합니다.

Min Size	To	Max Size	Long Description	Part Use Priority	Branch In Use
			------------------------------- Tee -------------------------------		
4"	to	24"	TEE (RED), BW, ASME B16.9, ASTM A234 Gr WPB SM	◉	✓
1/2"	to	2"	TEE, 3000 LB, SW, ASME B16.11, ASTM A105		✓
3"	to	24"	TEE, BW, ASME B16.9, ASTM A234 Gr WPB SMLS, Scl	◉	✓

그림 19-3. Branch in Use 체크 마크

브랜치 테이블 설정(Branch Table Setup) 화면에서 범례(Legend)를 설정합니다. 브랜치 테이블 편집기(Branch Table Editor)에서 범례 편집(Edit Legend) 버튼을 클릭하여 범례 편집기를 엽니다.

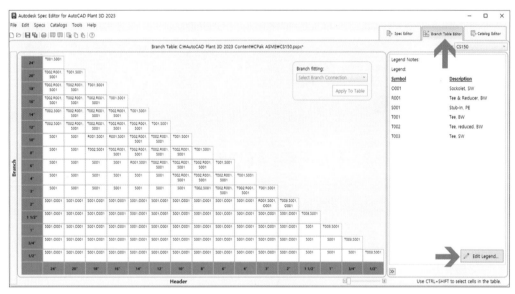

그림 19-4. Branch Table Editor

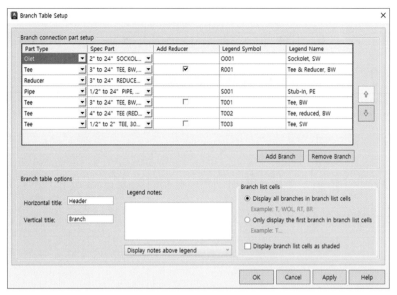

그림 19-5. Branch Table Setup 대화상자

부품(Part)의 수정

스펙 시트에 추가된 부품을 더블클릭하면 부품 편집(Edit Parts) 창이 나타나고, 해당 스펙에서 사용 가능한 모든 사이즈의 목록이 나타납니다. 부품 편집 창에서 자재 코드와 같은 필요한 속성 정보를 변경할 수 있습니다. 또한 스펙에서 제거옵션(Remove from Spec)을 이용하여 특정 사이즈만을 사용하도록 제한할 수 있습니다. 부품을 수정할 때 부품 설명(Description), 재료(Material)와 같은 속성 정보는 기본값으로 설정되지만, 프로젝트에 따라 수정해서 사용할 수 있습니다.

그림 19-6. 부품 편집(Edit Parts) 창

카탈로그와 카탈로그 편집기 Catalog Editor

모든 부품의 원본 라이브러리는 카탈로그에 저장합니다. 카탈로그 라이브러리에 저장되어있는 부품을 스펙 시트에 추가하여 Plant 3D에서 스펙을 기준으로 모델링할 수 있습니다. 카탈로그 편집기(Catalog Editor)는 카탈로그(Catalog)에 포함된 모든 부품(Part)을 보여줍니다. 부품을 생성, 수정, 복사할 수 있습니다. 개별 부품은 크기(Size), 긴 설명(Long Description), 끝 유형(End Type) 및 직면(Facing) 등의 속성 정보를 갖게 됩니다. Plant 3D에서 모델링할 때 Size, End Type, Facing, Pressure Class 등은 부품끼리 서로 연결에 대한 매우 중요한 결정요인이 됩니다.

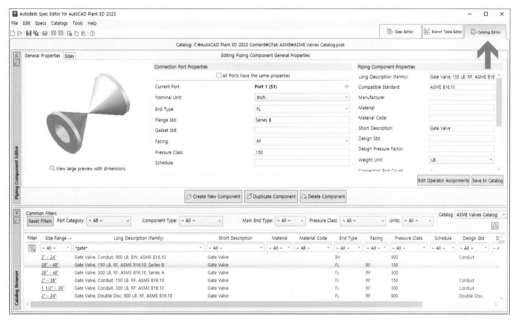

그림 19-7. Catalog Editor

이번 실습에서는 새 프로젝트 생성하기, 새로운 배관 스펙 생성하기, 스펙 시트에 부품 추가하기, 사용할 부품 사이즈 수정하기, 부품 우선순위 수정하기, 속성 정보 재지정(Override) 적용하기, 다양한 부품(Part) 추가하기, 분가 테이블에서 연결 조건 설정하기, Branch 피팅 사이즈가 없는 경우 설정하기, 스펙(Spec)을 이용하여 Plant 3D에서 모델링 검증하기를 연습합니다.

새 프로젝트 생성하기

1. AutoCAD Plant 3D 2023을 시작합니다.

2. 새로운 스펙(Spec)을 생성하고, 스펙의 부품과 사이즈를 포함한 모든 조건을 검증할 새로운 프로젝트를 생성합니다.

3. ConfigureSpecs라는 새로운 프로젝트를 생성합니다.

- 프로젝트 관리자의 Current Project에서 New Project를 클릭합니다.

- Project Setup Wizard의 페이지 1에서 Project Name에 'ConfigureSpecs', 프로젝트 폴더가 저장될

Directory를 'C:₩Plant Design'으로 설정 후, Next 버튼을 클릭합니다.

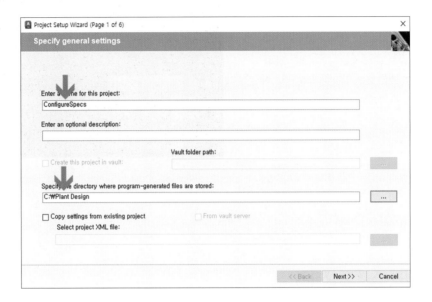

■ 페이지 2에서 Metric, Inches (Mixed Metric)을 배관 사이즈 단위로 선택하고, Next 버튼을 클릭합니다. 프로젝트 단위 설정을 배관 사이즈는 인치로 설정하고, 길이 단위는 밀리미터로 설정한다는 의미입니다.

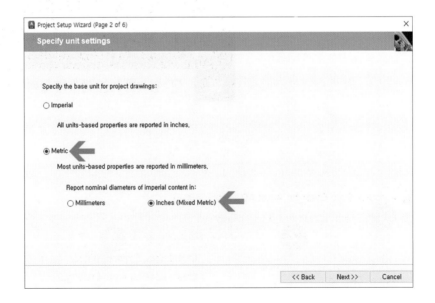

- Project Setup Wizard의 페이지 3부터 페이지 6까지는 기본 설정을 그대로 사용합니다.

- Project Setup Wizard의 페이지 6에서 Finish 버튼을 클릭하여 프로젝트 생성을 완료합니다.

4. 프로젝트 관리자에서 새로운 프로젝트 ConfigureSpecs가 생성된 것을 확인하고, Auto CAD Plant 3D를 종료합니다.

새로운 배관 스펙 생성하기

1. Spec Editor for AutoCAD Plant 3D를 실행합니다.

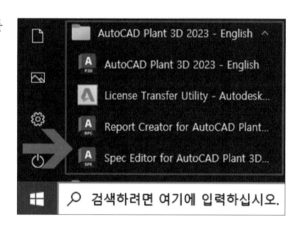

2. 스펙 편집기에서 File → New → Create Spec 순으로 클릭합니다.

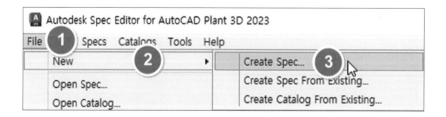

3. Create Spec 대화상자에서 New Spec Name의 Browse(…) 버튼을 클릭합니다.

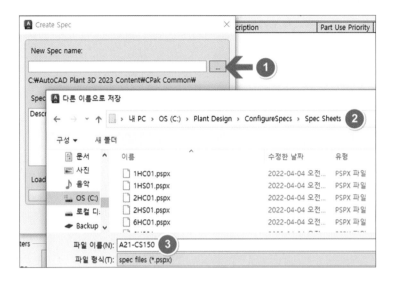

- 다른 이름으로 저장 대화상자에서 그림과 같이 새로 생성한 프로젝트의 저장 장소를 'Spec Sheets' 폴더로 설정합니다.
- 파일 이름에 A21-CS150를 입력하고 저장합니다.

4. Create Spec 대화상자에서 다음과 같이 설정합니다.

- Description에 Specification for training-A21 Carbon Steel 150#을 입력합니다.
- Load catalog에서 ASME Pipes and Fittings Catalog를 선택합니다.
- Create를 클릭합니다.

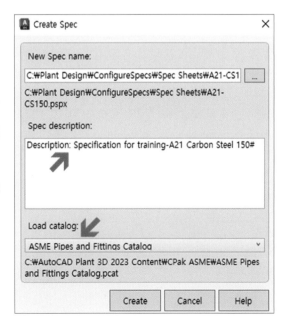

스펙 시트에 부품 추가하기

1. 스펙 편집기의 아래 창 카탈로그 목록에서 원하는 부품과 사이즈를 검색하기 위해 Common Filters를 이용합니다.

2. 다음과 같이 필터링을 이용하여 배관을 스펙 시트에 추가합니다.

- Part category에서 Pipe를 선택합니다.

- Size range의 From에서 0.25를 선택합니다.

- Size range의 To에서 12를 선택합니다.

- Part 목록에서 PIPE, SEAMLESS, PE, ASME B36.10을 선택합니다.

- Add to Spec 버튼을 클릭합니다. 배관이 상부 창의 스펙 시트에 추가됩니다.

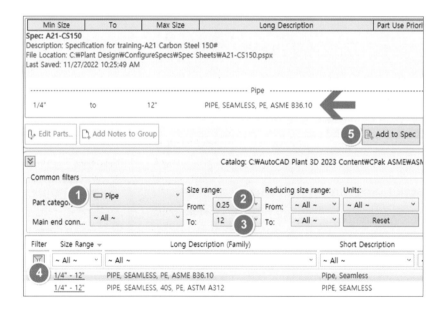

3. 스펙 편집기의 카탈로그 목록에서 다음과 같이 Part를 Spec에 추가합니다. Fittings에는 수 많은 부품이 있으므로 다음 그림과 같이 추가 필터링을 사용하여 부품을 쉽게 검색해 추가할 수 있습니다.

- Part category에서 Fittings를 선택합니다.

- Short Description 필터링 필드에 ELL을 입력합니다.

- Long Description 필터링 필드에 *16.9를 입력합니다.

- 3개의 부품이 정확히 필터링됩니다. Shift+Click을 이용하여 3개의 부품을 모두 선택합니다.

- Add to Spec 버튼을 클릭합니다. 3개의 엘보우 부품이 추가되고, Part Use Priority 열의 노란색 심볼을 확인합니다.

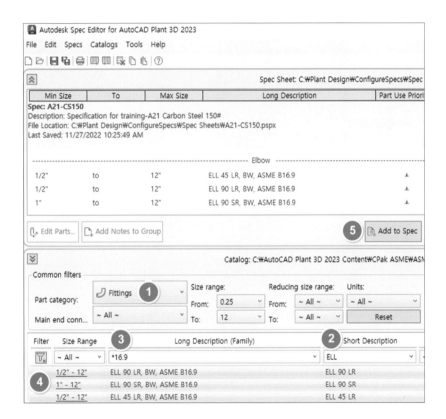

사용할 부품 사이즈 수정하기

1. 스펙 시트에서 PIPE, SEAMLESS, PE, ASME B36.10을 더블클릭합니다.

2. 자주 사용하지 않는 사이즈를 삭제하기 위해 Edit Parts 대화상자에서 다음과 같이 합니다.

- Hide parts marked 'Remove From Spec'을 체크합니다.

- Remove From Spec열의 1/4", 3/8", 1 1/4", 2 1/2", 3 1/2", 5" 사이즈를 선택합니다.

- Apply 버튼을 클릭합니다. 선택된 Part 사이즈가 목록에서 사라진 것을 확인합니다.

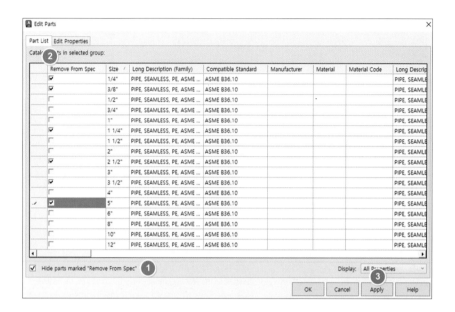

3. 그림과 같이 Material 열에 CS를 입력합니다.

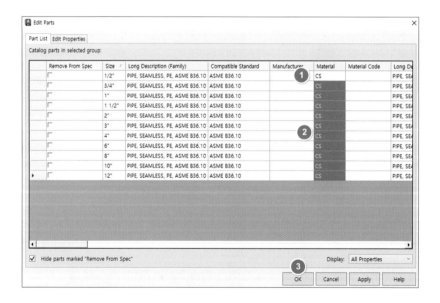

- 1/2"의 Material 필드를 클릭하여 CS를 입력합니다. Ctrl+C 키를 눌러 CS값을 복사합니다.

- 3/4"의 Material 필드를 클릭하고 Shift 키를 누른 채로 12"의 Material 필드를 클릭합니다. Ctrl+V를 하면 전체 사이즈에 CS값이 복사됩니다.

- OK 버튼을 클릭하여 Edit Parts 대화상자를 종료합니다.

4. 스펙 시트에 등록된 3가지 엘보우에서 1 1/4", 2 1/2", 3 1/2", 5" 사이즈에 대하여 Remove From Spec 작업과정을 반복합니다. 또한 각 사이즈의 Material에 대하여 CS를 입력합니다.

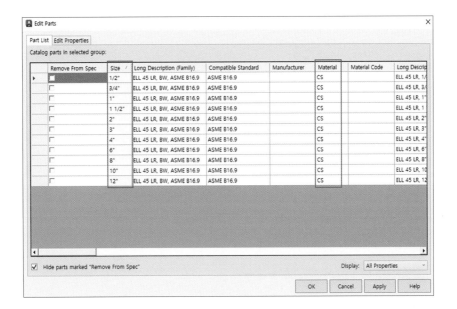

Part Use Priority 수정하기

1. 스펙 시트에서 ELL 45 LR 옆의 Part User Priority 열에서 경고 심벌을 클릭합니다.

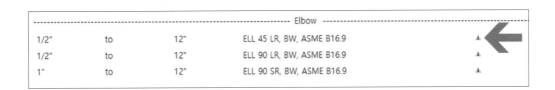

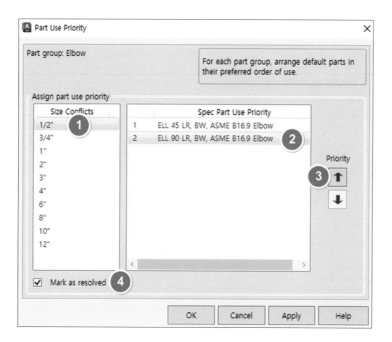

- Part Use Priority 대화상자가 나타나면, Assign part use priority 영역에서 1/2"를 선택합니다.

- ELL 90 LR을 선택합니다.

- Priority 위로 가기 화살표를 클릭합니다. ELL 90 LR이 1번으로 설정됩니다.

- Mark as resolved에 체크합니다.

2. Part Use Priority 대화상자에서 3/4"를 클릭하고 1번과 같이 동일하게 설정합니다.

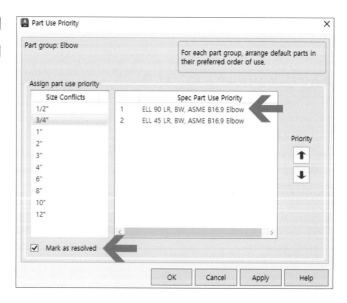

3. Part Use Priority 대화상자에
서 1"를 클릭하면 3개의 아이템
이 나옵니다. 다음과 같이 순서
대로 설정합니다.

- ELL 90 SR
- ELL 90 LR
- ELL 45 LR

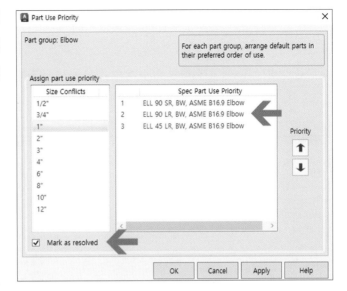

4. 2" ~ 12" 사이즈에 대하여도 3번과 동일하게 설정합니다.

5. OK를 클릭합니다. Spec Sheet Part 목록에서 각 엘보우에 대한 Part Use Priority의 경고 심
볼이 녹색 점으로 변경된 것을 확인합니다. 이것은 동일한 부품 항목에서 동일한 사이즈 부품
이 2개 이상 복수로 있을 경우, 우선 모델링되는 부품의 순위가 설정되었다는 것을 의미합니
다.

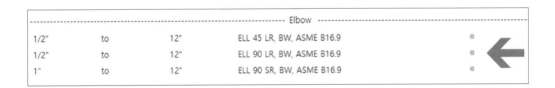

6. 스펙 편집기에서 File → Save를 클릭하여 저장합니다.

속성 정보 재지정(Override) 적용하기

1. 다음과 같이 Tee를 선택하여 일부 속성 정보를 변경하여 스펙 시트에 추가합니다.

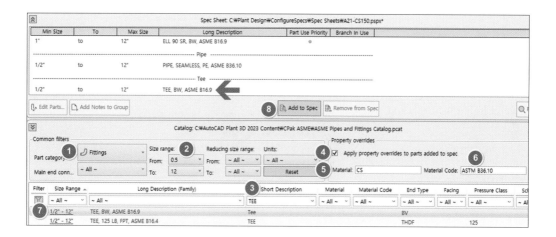

- Common filters의 Part Category에서 Fittings를 선택합니다.

- Size range에서 From: 0.5, To: 12로 설정합니다.

- Filter의 Short Description 항목에서 TEE를 선택합니다. 여러 종류의 Tee가 보입니다.

- Property overrides에서 Apply property overrides to parts added to spec에 체크합니다.

- Material에 CS를 입력합니다.

- Material Code에 ASTM B36.10를 입력합니다.

- TEE, BW, ASME B16.9를 Part 항목에서 선택합니다.

- Add to Spec 버튼을 클릭하여 스펙 시트에 추가합니다.

2. 스펙 시트 창에서 방금 추가한 Tee를 더블클릭합니다.

3. Edit Parts 대화상자에서 다음과 같이 설정합니다.

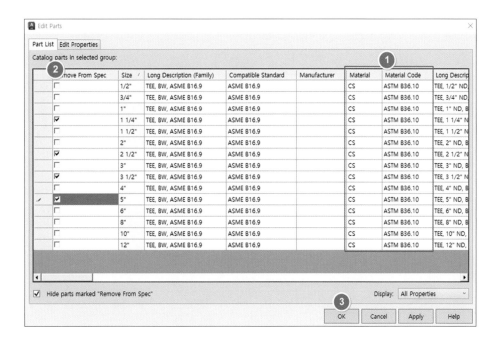

- Material과 Material Code가 등록된 각 사이즈에 추가되었는지 확인합니다.

- 1 1/4", 2 1/2", 3 1/2", 5" 사이즈를 선택합니다.

- OK를 클릭합니다.

4. 스펙 편집기의 카탈로그 창에서 1번과 동일한 조건의 Reducing Tee를 추가하기 위하여, Filter의 Short Description에서 TEE(RED)를 선택합니다.

5. Part 목록에서 'TEE (RED), BW, ASME B16.9'를 선택하고, Spec에 추가합니다.

6. 스펙 시트 창에서 방금 추가한 Reducing Tee를 더블클릭하여, Header와 Branch 사이즈에 1/4", 3/8", 1 1/4", 2 1/2", 3 1/2", 5" 가 포함된 모든 부품을 Remove From Spec에서 선택하고 OK를 클릭합니다.

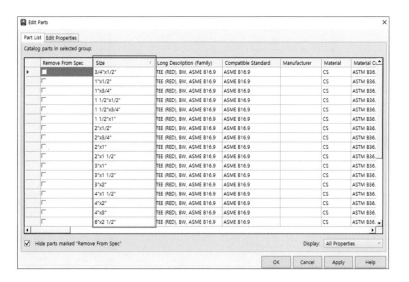

7. 스펙 시트 창에서 TEE (RED), BW, ASME B16.9 옆의 Part Use Priority 열에서 경고 심볼을 클릭합니다.

8. 각 사이즈를 다음과 같이 설정합니다.

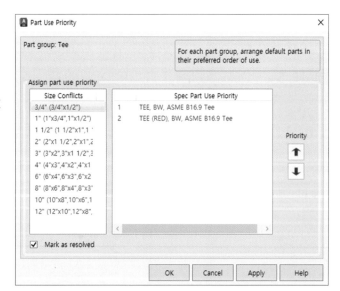

- 'TEE, BW'를 Priority 1로 'TEE (RED)'를 2로 설정합니다.
- Mark as resolved를 체크합니다.

플랜트 설계용 AutoCAD P&ID Plant 3D 입문 실습

9. 대화상자를 닫고 Tee가 다음처럼 설정된 것을 확인합니다.

다양한 부품(Part) 추가하기

1. 스펙 편집기의 하부 카탈로그 창에서 Filter의 Short Description 목록 중 'REDUCER (CONC)'를 선택합니다. 'REDUCER (CONC), BS, ASME B16.9'를 선택하여 스펙 시트에 추가합니다.

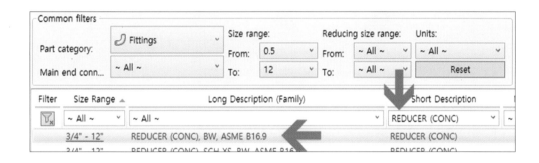

2. 플랜지를 스펙 시트에 추가합니다.

- Common filters의 Part category 목록에서 Flanges를 선택합니다.
- Short Description에서 FLANGE WN을 선택합니다.

- End Type 목록에서 FL을 선택합니다.

- Facing 목록에서 RF를 선택합니다.

- Pressure Class 목록에서 150을 선택합니다.

- 목록에서 'FLANGE WN, 150 LB, RF, ASME B16.5를 선택합니다.

- Add to Spec 버튼을 클릭하여 스펙 시트에 추가합니다.

3. OLET를 스펙 시트에 추가합니다.

- Common filters의 Part category 항목에서 Olet를 선택합니다.

- Filter의 Short Description 항목에서 SOCKOLET을 선택합니다.

- Part 항목에서 SOCKOLET, 3000 LB BWXSW, 13/16" LG, ASME B16.11을 선택하고 SPEC에 추가합니다.

4. Fasteners를 스펙 시트에 추가합니다.

- Common filters의 Part category 항목에서 Fasteners를 선택합니다.

- Short Description 항목에서 BOLT SET을 선택합니다.

- Facing 항목에서 RF를 선택합니다.

- Pressure Class 항목에서 150을 선택합니다.

- Property Overrides의 체크마크는 제거하고, 4개의 볼트세트 모두를 스펙 시트에 추가합니다.

5. Filter의 Short Description 목록에서 GASKET, FLAT을 선택하고, 1/16" THK와 1/32" THK Part를 스펙 시트에 추가합니다.

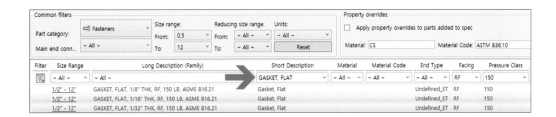

6. Filter의 Short Description 목록에서 GASKET SWG를 선택하고, 스펙 시트에 1/8" THK과 1/4" THK Part를 선택합니다.

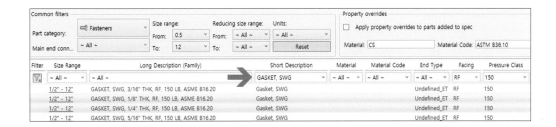

7. 스펙 편집기에서 File → Save를 클릭하여 저장합니다.

브랜치 테이블에서 연결 조건 설정하기

1. 우측 상단의 Branch Table Editor 탭을 클릭합니다.

2. 우측 하단의 Edit Legend 버튼을 클릭합니다.

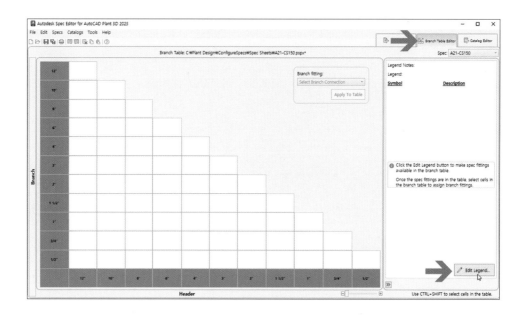

3. Branch Table Setup 대화상자에서 Stub-in을 설정합니다.

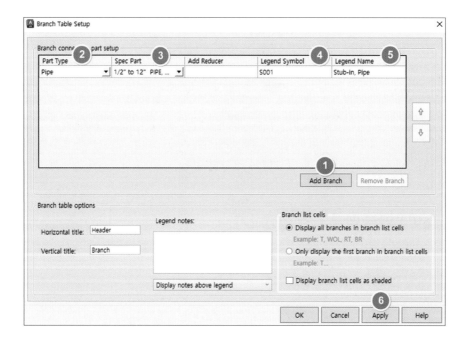

플랜트 설계용 AutoCAD P&ID Plant 3D 입문 실습

- Add Branch 버튼을 클릭합니다.

- Part Type 항목에서 Pipe를 선택합니다.

- Spec Part 항목에서 '1/2" to 12" PIPE'를 선택합니다.

- Legend Symbol에 S001을 입력합니다.

- Legend Name에 Stub-in, Pipe를 입력합니다.

- Apply 버튼을 클릭합니다.

4. Branch Connection Part Setup에서 추가한 Olet에 브랜치를 설정합니다.

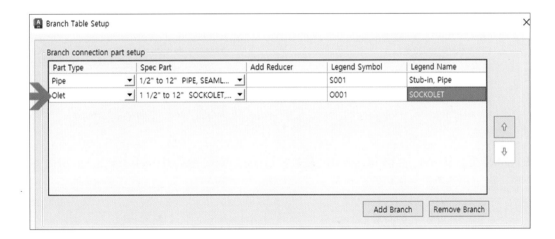

- Add Branch 버튼을 클릭합니다.

- Part Type 항목에서 Olet를 선택합니다.

- Spec Part 항목에서 '1 1/2" to 12" SOCKOLET, 3000LB, BWXSW,13/16" LG, ASME 16.11'을 선택합니다.

- Legend Symbol에 O001을 입력합니다.

- Legend Name에 SOCKOLET을 입력합니다.

- Apply Branch 버튼을 클릭합니다.

5. T001, T002, T003을 그림과 같이 추가합니다. T002에서 Add Reducer를 선택하면

Reducer는 자동으로 추가됩니다.

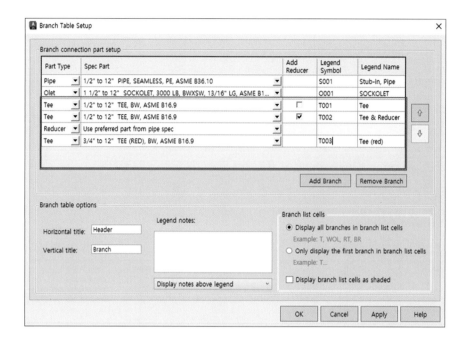

6. OK를 클릭합니다. 설정된 Legend는 오른쪽 Legend notes 창에 표시됩니다.

7. 왼쪽 창에서 다음 그림처럼 Ctrl 키를 누르고 각 Branch 필드를 선택합니다.

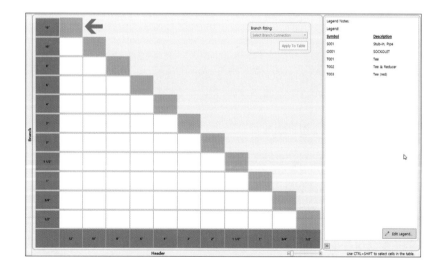

8. 선택된 Branch 필드 중에서 오른쪽 마우스를 클릭합니다. Multi Branch Selection을 클릭합니다.

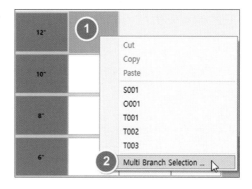

9. Select Branch List 대화상자에서 다음과 같이 설정합니다.

- S001, T001을 선택합니다.
- Priority 화살표를 이용하여 T001이 첫 번째로 등록될 때까지 UP 화살표를 클릭합니다.
- OK를 클릭합니다. 각 Branch 에 해당되는 심볼이 설정되었습니다.

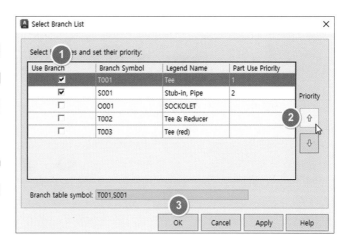

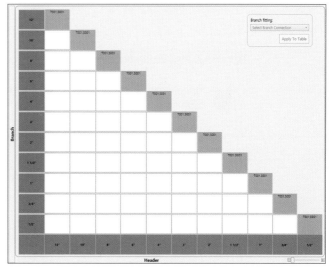

Branch 피팅 사이즈가 없는 경우 설정하기

1. 12 × 1/2 필드에서 오른쪽 마우스 클릭하여, Multi Branch Selection을 선택합니다.

2. Select Branch List 대화상자에서 S001, T002, T003을 선택하고, OK를 클릭합니다.

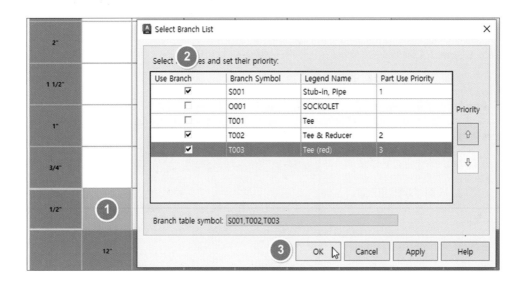

3. Branch Size Unavailable 메시지 상자에서 Select a valid branch fitting for these sizes를 선택합니다.

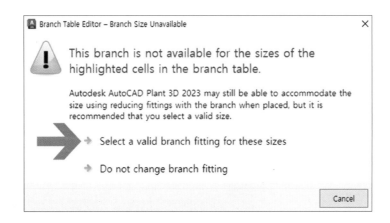

4. Select Branch Connection 대화상자에서
O001를 선택하고, OK를 클릭합니다.

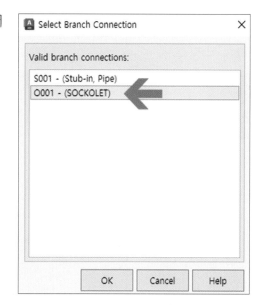

5. O001이 설정된 12 × 1/2 필드를 오른쪽 마우스 클릭하여, Multi Branch Selection을 클릭합니다. Select Branch List 대화상자의 Use Branch에서 S001을 추가 선택하고 OK를 클릭합니다.

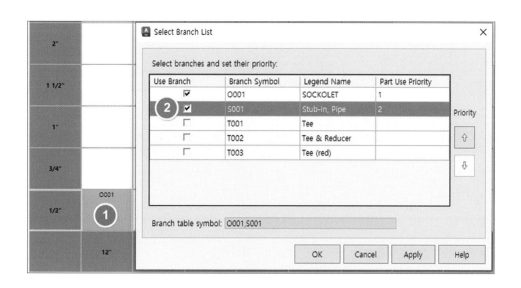

6. 10 × 1/2 필드를 클릭하고 3/4 × 1/2 필드를 Shift+왼쪽 마우스 클릭하여 선택합니다.

7. 필드 중의 하나를 오른쪽 마우스 클릭하여, Multi Branch Selection을 선택합니다.

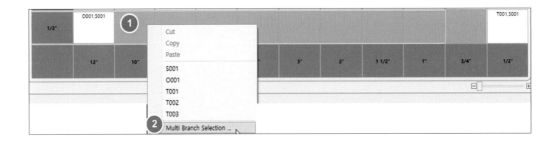

8. Select Branch List 대화상자에서 다음과 같이 설정합니다.

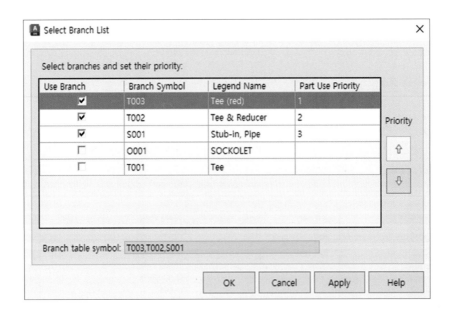

- S001, T002, T003을 선택합니다.

- Priority 화살표를 이용하여 T003이 Priority 1이 되도록 합니다.

- Priority 화살표를 이용하여 T002가 Priority 2가 되도록 합니다.

- OK를 클릭합니다.

9. Branch Size Unavailable 대화상자에서 Do not change branch fitting을 클릭합니다.

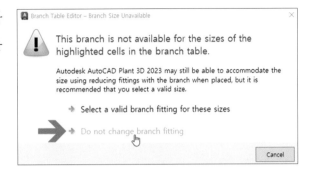

10. 10"부터 2"까지 붉은색으로 하이라이트 됩니다. 이 상황은 이 사이즈 영역 할당된 피팅류가 해당 사이즈에 적용될 수 없음을 의미합니다.

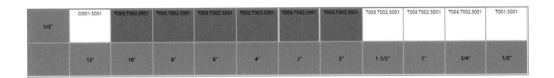

11. 1/2" × 2"를 선택하여 오른쪽 마우스 클릭하고, Multi Branch Selection을 선택합니다.

12. Select Branch List 대화상자에서 OK를 클릭합니다.

13. Branch Size Unavailable 대화상자에서 Select a valid branch fitting for these sizes를 클릭합니다.

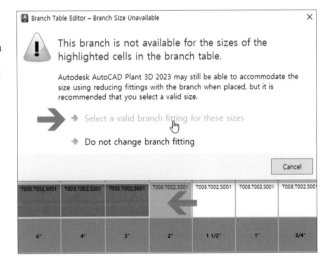

14. Select Branch Connection 대화상자에서 유효한 Branch가 S001, O001, T003임을 확인합니다. Cancel을 클릭합니다.

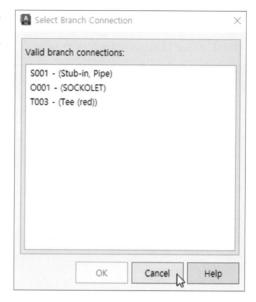

15. 1/2" × 2" Branch를 오른쪽 마우스 클릭하여, Multi Branch Selection을 클릭합니다.

16. Selection Branch List 대화상자에서 다음과 같이 설정합니다.

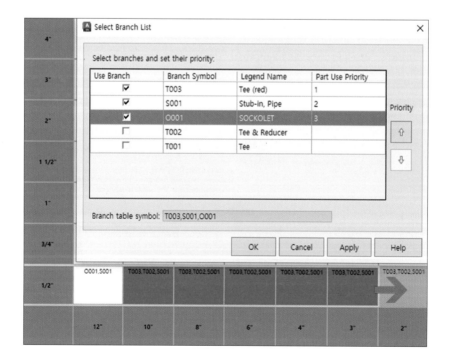

플랜트 설계용 AutoCAD P&ID Plant 3D 입문 실습

- Use Branch에서 S001, O001, T003을 선택합니다.

- 다른 모든 것을 해제합니다.

- T003을 Priority 1로 설정합니다.

- S001을 Priority 2로 설정하고 OK를 클릭합니다.

17. 1/2" × 2" branch가 더 이상 붉은색인지 아닌지를 확인하기 위하여 다른 영역을 클릭합니다. 흰색으로 변경되었고, 선택된 피팅들의 사이즈가 이상 없음을 나타냅니다.

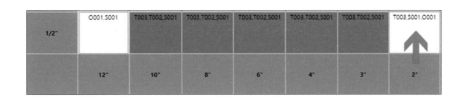

18. Shift 키를 이용하여 붉은색 영역을 모두 선택하고, 오른쪽 마우스 클릭하여 Multi Branch Selection을 클릭합니다.

19. Select Branch List 대화상자에서 OK를 클릭합니다.

20. Branch Size Unable 대화상자에서 Select a valid branch fitting for these sizes를 클릭합니다.

21. Select Branch Connection 대화상자에서 Valid Branch가 S001, O001임을 확인합니다. Cancel을 클릭합니다.

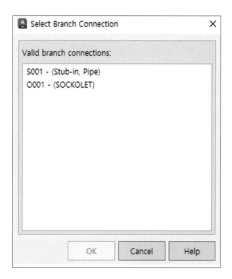

22. Shift 키를 이용하여 붉은색 영역을 모두 선택하고 오른쪽 마우스 클릭하여, Multi Branch Selection을 클릭합니다.

23. Select Branch List 대화상자에서 S001, O001을 선택하고, 다른 모든 것을 해제합니다. OK를 클릭합니다.

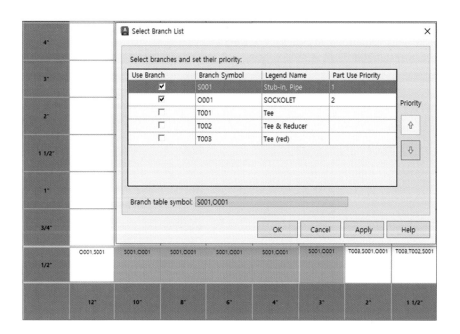

24. 그림과 같이 Ctrl+왼쪽 마우스 클릭을 이용하여 영역을 선택합니다.

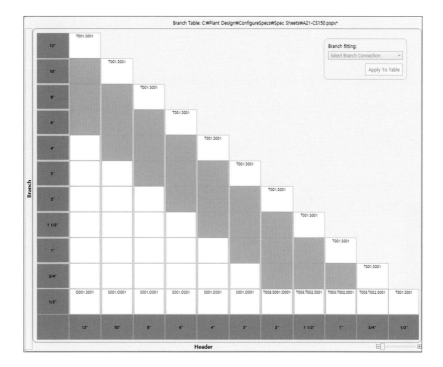

25. 선택된 Branch를 오른쪽 마우스 클릭하고, Multi Branch Selection을 클릭합니다.

26. Select Branch List 대화상자에서 T003, T002, S001을 선택하고 OK를 클릭합니다.

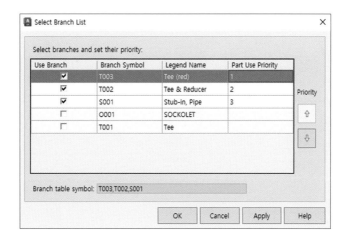

27. Branch Size Unable 대화상자에서 Do Not Change Fitting을 클릭합니다.

28. 다른 사이즈 영역을 선택하면, 그림과 같이 3개의 영역에서 붉은색이 표시됩니다.

29. Branch Size Unable 대화상자에서 Select a valid branch fitting for these sizes를 클릭합니다. Valid Branch가 S001과 O001임을 확인하고 이 영역의 피팅을 S001을 Priority 1, O001을 Priority 2로 설정합니다.

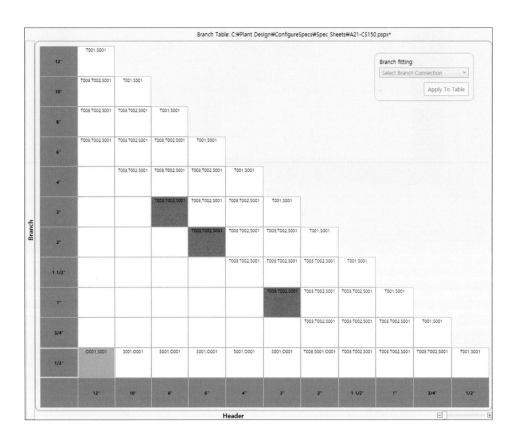

30. 다음 그림과 같이 나머지 영역의 브랜치 피팅을 S001(Priority 1)과 O001(Priority 2)을 설정합니다.

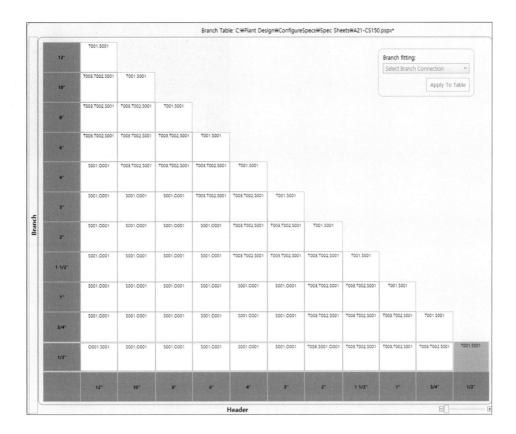

31. 스펙 편집기에서 File → Save를 클릭하여 저장합니다.

32. 스펙 편집기를 종료합니다.

스펙(Spec)을 이용하여 Plant 3D에서 모델링 검증하기

1. AutoCAD Plant 3D 2023을 시작합니다.

2. ConfigureSpecs 프로젝트를 엽니다.

3. Plant 3D Drawing 폴더에서 모델파일 0001.dwg을 생성합니다.

4. 프로젝트 관리자에서 Pipe Specs를 오른쪽 마우스 클릭하여, Copy Specs to Project를 선택합니다.

5. 'C:\Plant Design\ConfigureSpecs\Spec Sheets' 폴더에서 A21-CS150.pspx를 선택하고, Open을 클릭합니다.

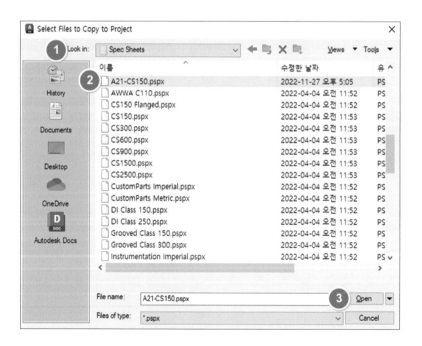

플랜트 설계용 AutoCAD P&ID Plant 3D 입문 실습

6. Home → Part Insertion 패널에서 스펙을 A21-CS150으로 설정합니다.

7. Pipe Size 항목에서 4"를 선택합니다.

8. Route Pipe를 클릭하고 시작점
을 0,0,0에서 시작하여 모든 길이
는 1,000으로 하는 배관모델을 그
림과 같이 생성합니다.

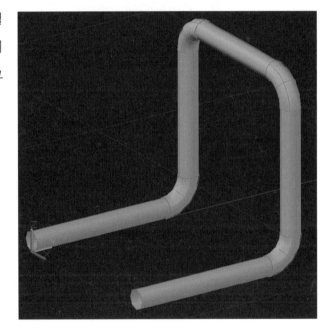

9. 우측 상단 엘보우를 오른쪽 마우스 클릭합니다. Substitute Part 그립을 선택하고 '4" ELL
90 SR'을 선택합니다.

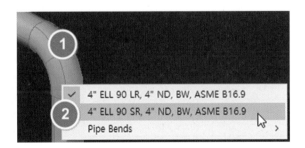

10. Long Radius 엘보우가 Short Radius 엘보우로 변경된 것을 확인할 수 있습니다.

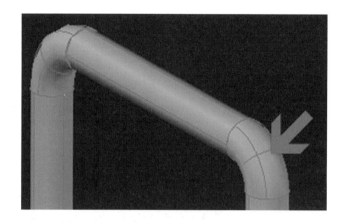

11. 도구 팔레트의 플랜지를 클릭하여 배관 끝의 한 부분에 Endpoint OSNAP을 이용하여 배치합니다. Flange를 연속 배치합니다. Esc 키를 눌러서, 플랜지 도구 명령을 해제합니다.

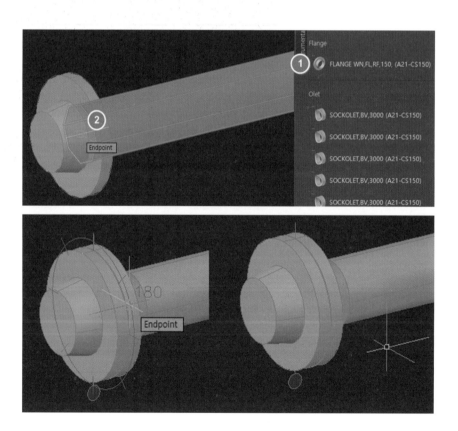

12. Ctrl 키를 누르고 가스켓 심볼을 그림과 같이 선택
합니다.

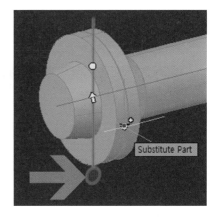

13. Substitute Part 그립을 클릭하여, 교환할 수 있는 가스켓 옵션을 확인합니다.

14. Esc 키를 눌러 선택을 해제합니다.

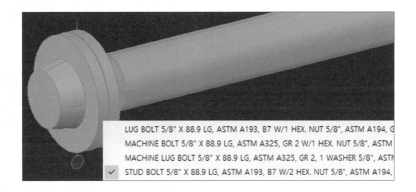

15. SOCKOLET을 이용하여 다음과 같이 배관 상부에 배치합니다.

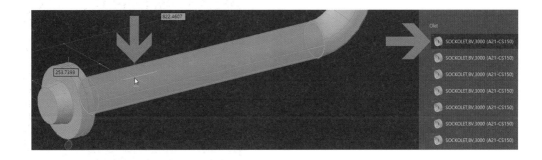

16. SOCKOLET을 클릭한 후, Substitute Part 그립을 이용하여 4"×1 1/2"로 변경합니다.

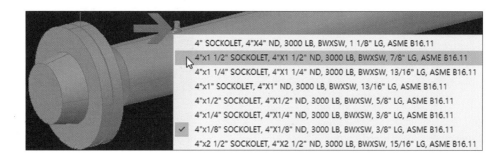

17. Sockolet을 클릭한 후, Continue Pipe 그립을 이용하여 다음과 같이 수직 배관을 모델링합니다.

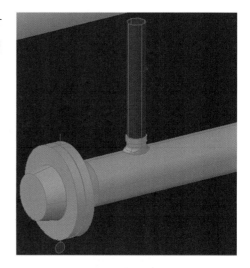

18. 수직 배관을 클릭한 후, Continue Pipe 그립을 이용하여 수평 배관을 그림과 같이 모델링합니다. 2개의 TEE가 자동으로 생성되는 것을 확인합니다.

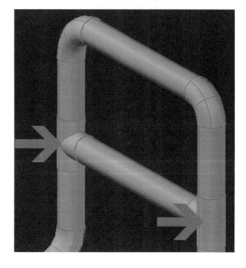

플랜트 설계용 AutoCAD P&ID Plant 3D 입문 실습

19. 특성창을 이용하여 수평 배관을 3" 배관으로 변경합니다. 2개의 레듀서가 자동으로 삽입됩니다.

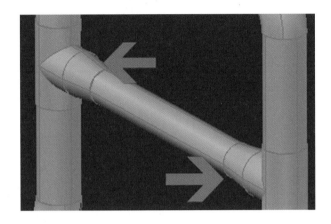

20. Tee를 선택하고 Substitute 그립을 이용하여 4"×3" 레듀싱 TEE로 변경합니다.

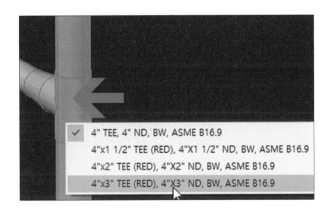

21. 상단의 배관을 클릭 후, Continue Pipe 그립을 클릭합니다. Route Pipe에서 배관 사이즈를 2"로 변경하여 배관 라우팅을 합니다. 그림과 같이 Reducing TEE가 사용된 것을 확인합니다.

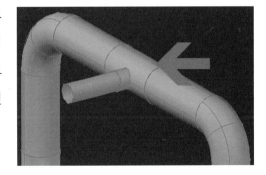

22. 오른쪽 수직 배관을 클릭 후, Continue Pipe 그립을 클릭합니다. 오른쪽 마우스 클릭합니다. 추가 팝업 메뉴가 나오면, STub-in을 클릭합니다.

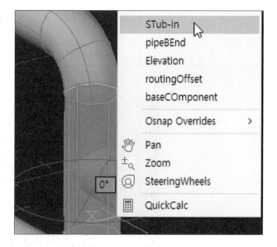

23. Part Insertion 패널에서 2" 배관을 선택 후 Next Point를 클릭하여 배관 모델링을 완료합니다. 4" 배관에 2" Stub-in 배관이 연결된 것을 확인합니다.

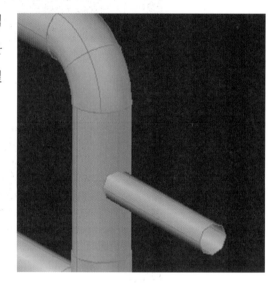

24. 도면을 저장하고, AutoCAD Plant 3D를 종료합니다.

아이소 설정

■ 학습목표

- 아이소 스타일과 사용법 익히기
- 아이소 스타일에서 설정변경 방법 익히기
- 아이소 도각 설정하기

아이소 스타일

AutoCAD Plant 3D에서 새로운 프로젝트를 생성하면 기본적으로 다음의 4가지 아이소 스타일이 설치됩니다.

- Check
- Final
- Spool
- Stress

또한 프로젝트에서 필요한 목적에 맞게 아이소 스타일을 추가할 수 있습니다. 아이소 도면을 생성할 때, 사용자가 원하는 아이소 도면 형식을 아이소 스타일별로 설정할 수 있습니다.

아이소 스타일 설정 Iso Style Customization

아이소 스타일 설정은 다음과 같은 항목에 대하여 다양한 설정을 할 수 있습니다.

- Symbols and Reference

- Iso Style Setup

- Iso Style Default Settings

- Themes

- Annotations

- Dimensions

- Sloped and Offset Piping

- Title Block and Display

심볼과 참조 Symbols and Reference

아이소 도면을 작성할 때 사용되는 파트들의 아이소 심볼 기호를 편집합니다. 배관 파트 이외
에 각종 참조 치수의 기본 특성 및 문자 표시 방법을 설정합니다.

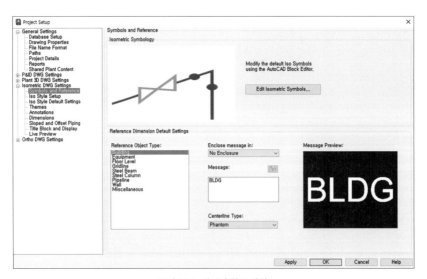

그림 20-1. 심볼과 참조 설정

아이소 스타일 설정 ISO Style Setup

아이소 도면의 아이소 스타일을 작성하고 관리합니다. 아이소 도면의 기본적인 조건 설정과

도면 저장 폴더를 설정합니다.

그림 20-2. 아이소 스타일 설정

◈ 아이소 스타일 기본값 설정 Iso Style Default Settings

아이소 스타일의 기본값을 설정합니다. Plant 3D에서 아이소 도면을 생성하기 직전에 이 설정값은 사용자가 아이소 생성 대화상자에서 수정할 수 있습니다.

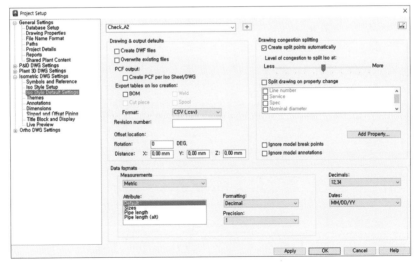

그림 20-3. 아이소 스타일 기본값 설정

🔶 테마 Themes

배관 및 지정 테마(Theme)에 대한 치수, 주석 및 ISO 기호 스케일을 지정합니다. 기본 테마는 일반 배관에 대한 아이소 옵션을 지정합니다. 설정된 테마는(예: 피팅 대 피팅, 소형 배관, 기존 배관 및 연속되는 배관) 특수한 경우에 적용됩니다. 설정된 테마를 오버라이드 테마라고도 합니다.

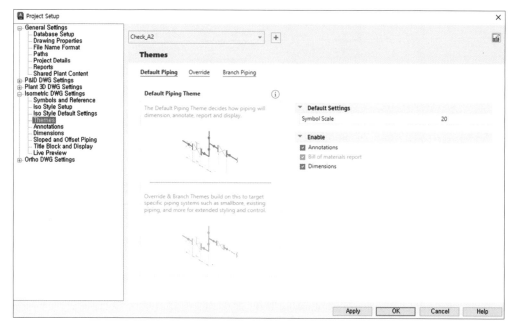

그림 20-4. 아이소 주제 설정

플랜트 설계용 AutoCAD P&ID Plant 3D 입문 실습

◈ 주석 Annotations

아이소 도면에서 표기되는 각종 주석(Annotation)의 형식을 설정합니다.

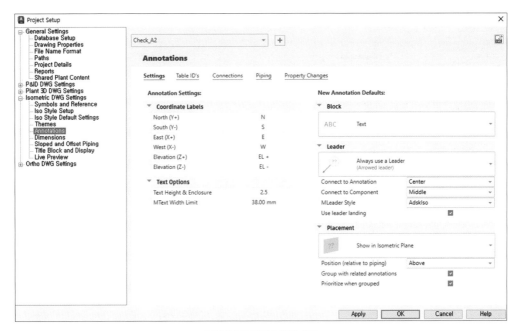

그림 20-5. 아이소 주석 설정

◈ 치수 Dimensions

아이소 도면에서 치수(Dimension)의 서식을 설정합니다.

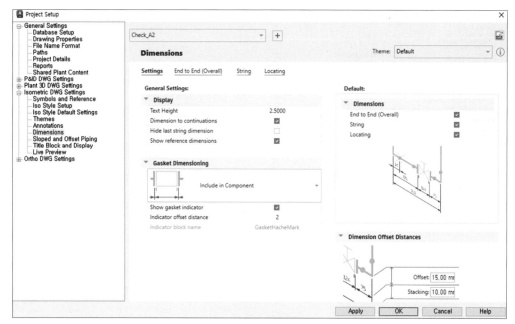

그림 20-6. 아이소 치수 설정

◈ 경사 및 오프셋 배관 Sloped and offset piping

2D 오프셋 및 3D 오프셋을 포함하여 경사진 배관라인의 형식을 지정합니다.

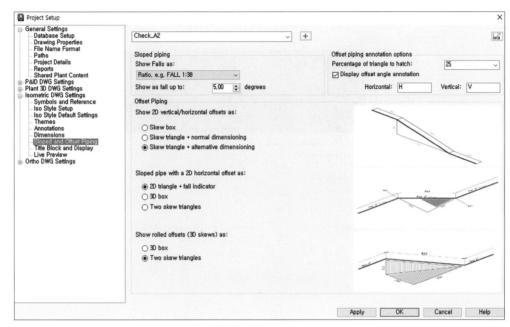

그림 20-7. 경사 및 오프셋 배관 설정

◈ 도각 설정 Title Block and Display

아이소 도면의 도각 설정을 할 수 있습니다.

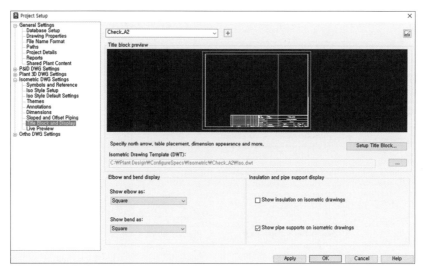

그림 20-8. 아이소 도각 설정

미리보기 Live Preview

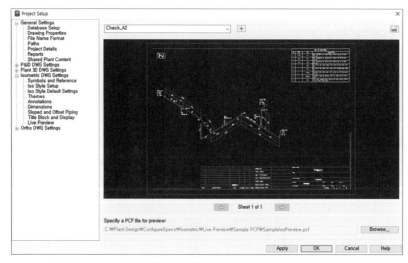

그림 20-9. 아이소 도면 미리보기

아이소 스타일은 다양한 옵션 설정을 미리보기로 확인할 수 있습니다. 미리보기(Live Preview)를 사용하면 스타일 변경 사항을 저장하기 전에 프로젝트 설정에서 작성된 각종 옵션 변경 사항을 미리 검토할 수 있습니다.

자재 물량 Bill of Material(BOM)

아이소 도면을 작성할 때, BOM은 해당 도면 또는 시트에 표시되어야 하는 중요한 정보 중의 하나입니다. BOM의 형식과 배치는 이미 설치된 아이소 스타일로 설정되어있습니다. BOM 설정은 도각 설정(Setup Title Block) 창을 통하여 할 수 있습니다. Setup Title Block 옵션에서는 각종 테이블을 포함하여 도각에 대한 여러 가지 설정을 할 수 있습니다.

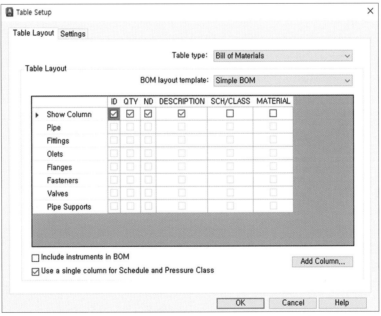

그림 20-10. 도각 설정

이번 실습에서는 새로운 아이소 스타일 생성하기, 아이소 스타일 설정하기, 아이소 도각 변경하기, 아이소 템플릿 파일 설정을 연습합니다.

새로운 아이소 스타일 생성하기

1. AutoCAD Plant 3D 2023을 시작합니다.

   ■ Project Manager의 Current Project에서 Open을 클릭합니다.

   ■ 'C:₩Plant Design₩Lesson20' 폴더에서 Project.xml 파일을 선택하고 열기를 누릅니다.

2. 프로젝트 관리자에서 프로젝트를 오른쪽 마우스 클릭하여 Project Setup을 실행합니다.

3. Project Setup 대화상자의 Isometric DWG Settings → Iso Style Setup → Create a New Iso Style 버튼을 클릭합니다.

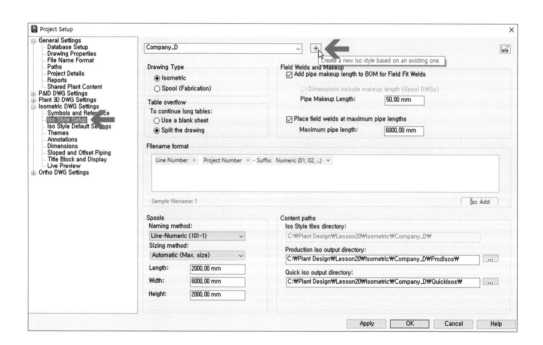

4. Create Iso Style 대화상자에서 다음과 같이 설정합니다.

- New style name에 Company_D를 입력합니
  다.
- Copy existing style에 Final_A2를 선택합니다.
- Create를 클릭합니다.

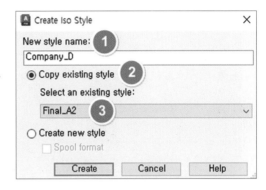

5. Project Setup 대화상자에서 OK를 클릭합니다.

6. 프로젝트 관리자에서 Piping 모델을 엽니다.

7. 새로운 아이소 스타일을 검토하기 위하여, Isos → Iso Creation → Production Iso를 클릭합니다.

8. Create Production Iso 대화상자에서

- 1009 라인을 선택합니다.
- Iso Style에서 Company_D를
  선택합니다.
- Create를 클릭합니다.

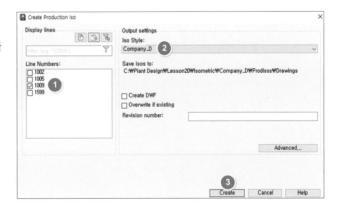

9. 아이소 도면 생성이 완료되면, 아이소 도면을 열어서 검토합니다.

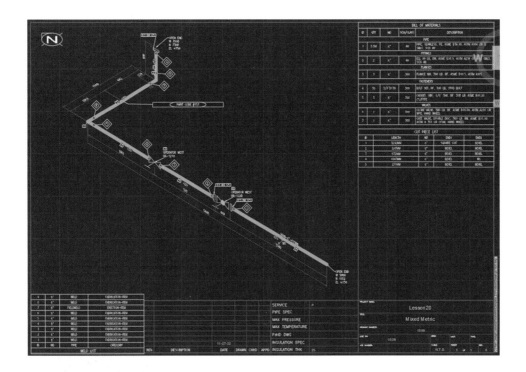

아이소 스타일 설정하기

1. Project Setup 대화상자의 Isometric DWG Settings → Dimensions를 선택하고, 아이소 스타일이 Company_D로 설정된 것을 확인합니다.

- Gaskets 옵션을 Do not Dimension Gaskets로 설정합니다.
- Apply를 클릭합니다.

2. Create Production Iso를 클릭하여 1009 라인의 아이소를 새롭게 생성하여 아이소 옵션 변경에 따른 아이소 도면 형식의 변경을 확인합니다.

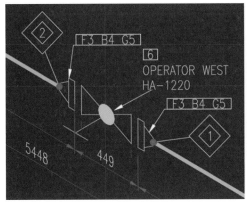
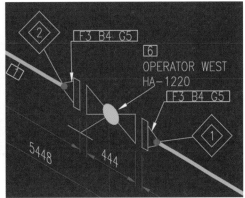

아이소 도각 변경하기

1. Company_D 아이소 스타일과 관련된 iso.
dwt를 열기 위하여, AutoCAD Open 명령어
를 클릭합니다.

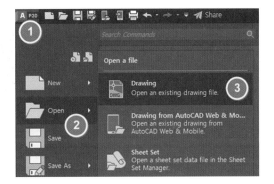

2. Select File 대화상자에서
Files of type을 *.dwt로 변경
합니다.

3. 'C:\Plant Design\Lesson20\Isometric\Company_D' 폴더에서 iso.dwt를 클릭하고 Open 버튼을 클릭합니다.

4. AutoCAD 화면상에 보이는 모든 것을 지웁니다.

5. iso.dwt 템플릿 파일에 있는 타이틀 블록의 모든 정보를 지우기 위하여 다음과 같이 설정합니다.

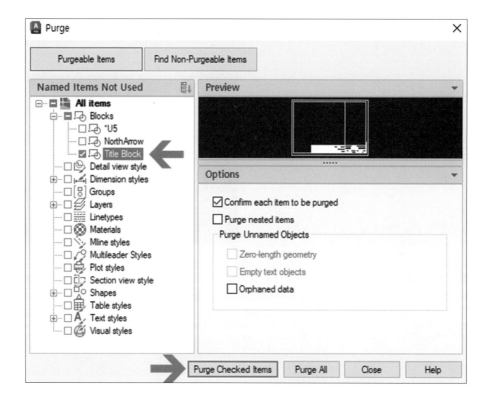

- PURGE 명령어를 입력합니다.

- Purge 대화상장에서 Blocks 아래에 Title Block 앞 박스를 클릭하여 체크합니다.

- Purge Checked Items를 클릭합니다.

- Close를 누릅니다.

6. D-size Border를 템플릿 도면에 넣기 위하여 다음과 같이 설정합니다.

- Insert 탭에서 Block → Insert → Blocks from Libraries를 클릭합니다.

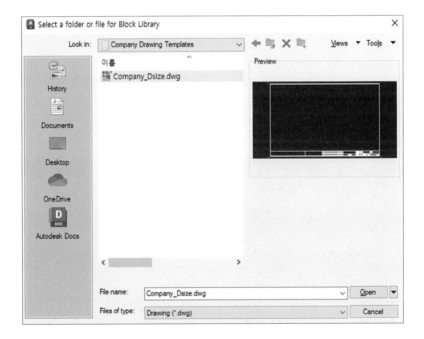

- 'C:\Plant Design\Lesson20\Company Drawing Templates'로 이동합니다.

- Company_Dsize.dwg 도면을 선택하고 Open 버튼을 클릭합니다.

7. Blocks 대화상자에서 Libraries 탭을 클릭하고, Options의 모든 항목에서 체크마크를 제거합니다.

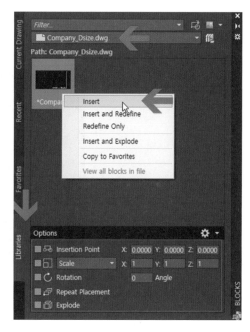

8. Company_D.dwg 아이콘을 오른쪽 마우스 클릭하여 Insert를 선택합니다.

9. Edit Attributes 대화상자에서 Cancel을 클릭합니다. 새로운 타이틀 블록이 화면에 나타납니다.

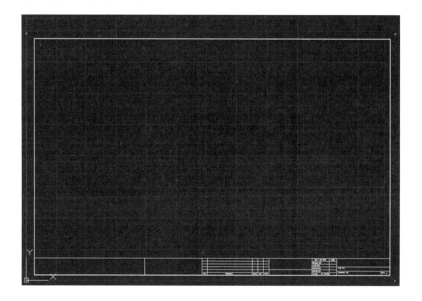

플랜트 설계용 AutoCAD P&ID Plant 3D 입문 실습

10. Iso Title Block으로 인식되도록 사용자 타이틀 블록의 이름을 Title Block으로 필수적으로 변경해야 합니다.

- 명령창에 RENAME을 입력합니다.

- Rename 대화상자에서 Blocks의 Company_Dsize를 선택합니다.

- Rename To에 Title Block을 입력합니다.

- OK를 클릭합니다.

11. 타이틀 블록의 외곽 보더 라인을 Drawing Limits와 맞추어야 합니다.

- 명령창에 LIMITS를 입력합니다.

- Lower Left Corner의 값은 Default <0.0000,0,0000>을 그대로 설정하기 위해 Enter 키를 누릅니다.

- Upper Right Corner의 값은 Endpoint OSNAP을 이용하여 오른쪽 상단의 점을 클릭합니다.

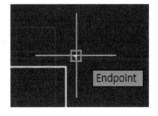

- ZOOM → Extents를 하여
  Limits가 재설정된 도각
  이 나타납니다.

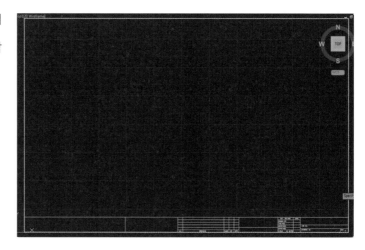

12. iso.dwt를 저장하고 닫습니다.

아이소 템플릿 파일 설정

1. Project Setup을 실행합니다.

2. Isometric DWG Settings → Title Block and Display를 선택합니다.

3. 아이소 스타일이 Company_D로 설정된 것을 확인하고 Setup Title Block을 클릭합니다.

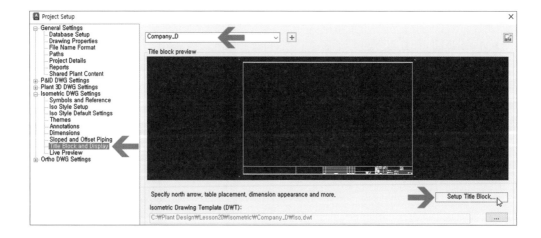

4. Drawing Area를 설정하기 위해, Isometric Drawing Area 판넬에서 Draw Area 도구를 클릭합니다.

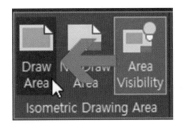

5. 두 개의 대각선 지점을 선택하여 Draw Area를 지정합니다.

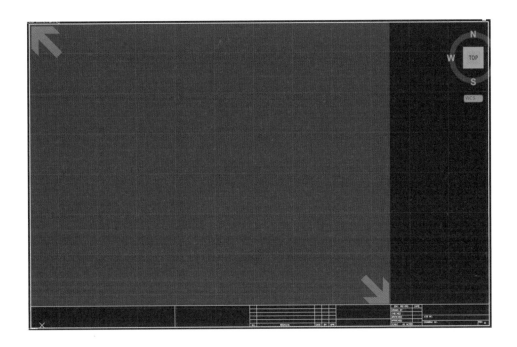

6. North Arrow 심볼을 Draw Area 왼쪽 상단에 배치합니다.

■ North Arrow 판넬에서 Place North Arrow 도구를 클릭합니다.

- 명령 프롬프트에서 North Arrow의 방향을 기본값 <Upper Left>를 선택하기 위해 Enter 키를 누릅니다.

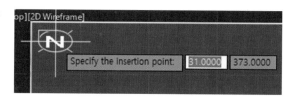

- North Arrow의 Insertion Point를 그림과 같이 왼쪽 상단에 배치합니다.

7. North Arrow 주변에 No-Draw 영역을 설정합니다.

- Isometric Drawing Area 판넬에서 No-Draw Area 도구를 클릭합니다.

- North Arrow 주변에 그림과 같이 No-Draw 영역을 설정합니다.

8. BOM 테이블을 배치할 위치를 지정하기 위하여, Table Placement & Setup 판넬에서 Bill of Materials 도구를 클릭합니다.

플랜트 설계용 AutoCAD P&ID Plant 3D 입문 실습

9. 그림과 같이 2개의 마주 보는 꼭짓점을 클릭하여 우측 상단에 배치합니다.

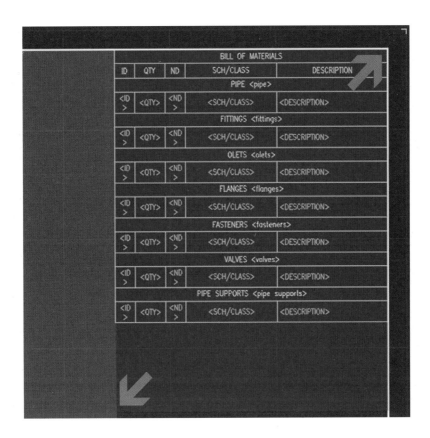

10. Cut Piece List 테이블을 배치할 위치를 지정하기 위하여, Table Placement & Setup 판넬에서 Cut Piece 도구를 클릭합니다.

11. 도면영역에서 BOM 테이블의 아래 부분에 위치하도록 배치합니다.

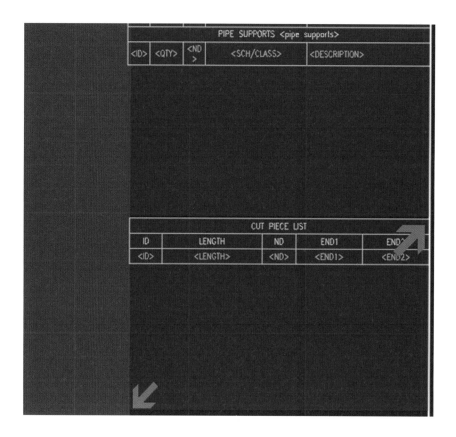

12. Return to Project Setup 도구를 클릭합니다.

13. Block-Changes Not Saved 대화상자에서 Save the changes to 'iso.dwt'를 클릭합니다.

플랜트 설계용 AutoCAD P&ID Plant 3D 입문 실습

14. Project Setup 대화상자에서 OK를 클릭합니다.

15. 새로운 아이소 도각 설정을 검토하기 위하여, Iso → Iso Creation → Production Iso를 클릭합니다.

16. Create Production Iso 대화상자에서 다음과 같이 설정합니다.

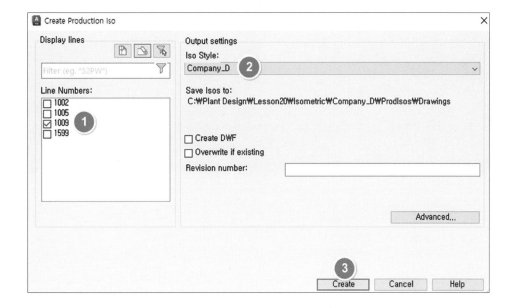

- 1009라인을 선택합니다.

- Iso Style에서 Company_D를 선택합니다.

- Create를 클릭합니다.

17. 1009 라인에 대하여 아이소 스타일 Company_D로 설정하고 Iso 도면을 재생성하고 변경된 결과를 검토해봅니다.

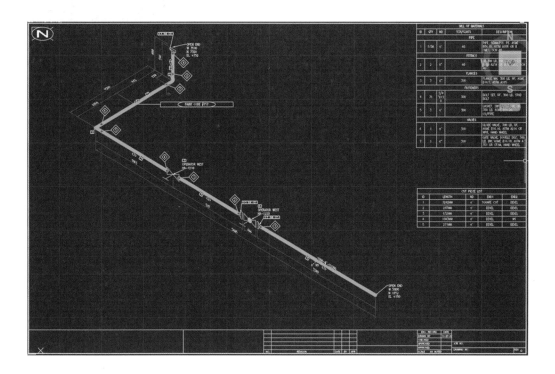

18. 모든 파일을 닫고 Plant 3D를 종료합니다.

 **제3장 Summary**

제3장에서는 AutoCAD Plant 3D에서 3D 플랜트 설계와 3D 모델에서 2D 도면과 아이소 도면을
생성하고 수정하는 방법에 대해서 배웠습니다. 제3장을 완료하고 나면 다음과 같은 작업을 할 수
있습니다.

- 철골 구조 모델링용 그리드(Grid) 설정 및 다양한 철골 구조 모델링 수정하기
- 3D 기계장치를 모델링하고 배치하기
- 3D 배관 모델링과 밸브와 피팅 배치하기
- 뷰와 도면을 만들어 2D 플랜 도면 만들기
- 배관 아이소 도면 생성하고 수정하기
- 배관 스펙 생성과 수정하기
- 아이소 스타일 설정하기

동적입력(F12, Dynamic Input)은 도면 영역에서 커서(Cursor) 근처에 명령 인터페이스를 제공합니다. F12를 이용하여 동적 입력 모드를 ON하고 3D 모델링하는 것을 적극 권장합니다. AutoCAD Plant 3D 화면 우측 하단에서 ❶을 클릭한 뒤 ❷를 클릭하여 체크마크를 표시합니다. 상태창에 ❸이 추가됩니다. 'F12'를 이용하여 On/Off를 할 수도 있습니다.

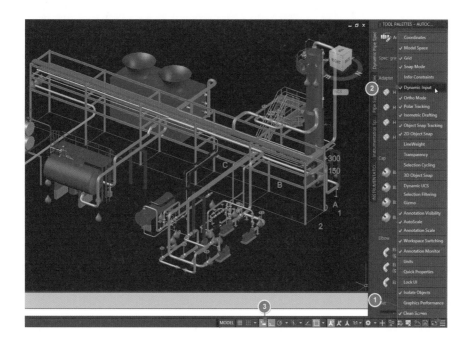

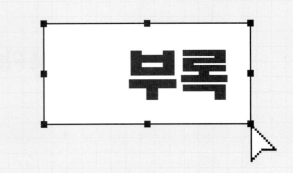

부록

부록 1
나비스웍스에서 Plant 3D 모델 사용하기

AutoCAD 3D에서 모델링한 후, 프로젝트와 관련된 많은 당사자들이 설계 검토 및 간섭 체크 등을 통하여 설계와 시공간 커뮤니케이션을 시각화하는 작업이 필요합니다. 이러한 작업은 프로젝트 전반에 걸쳐 진행되며, 3D 기반 설계의 중요한 절차인 동시에 효과 중의 하나입니다.

Autodesk Navisworks는 3D 모델 뷰어 프로그램으로서 모든 사람이 용이하게 3D 모델을 활용하는 데 가장 적합한 프로그램입니다. Plant 3D 모델을 Navisworks에서 열고, Plant 3D 속성 데이터를 보기 위해서는 Object Enabler라는 플러그인 소프트웨어를 설치해야 합니다.

- Autodesk Navisworks Manage 2022 설치

- Autodesk AutoCAD Plant 3D 2022 Object Enabler 다운로드 및 설치

  https://me2.do/F6xJCImT

- 이 부록을 실습하기 위해 실습 파일을 다운로드합니다.

  https://cafe.naver.com/jtechsolution/6781

- 마우스 가운데 휠 버튼 사용

작업(Task)	방법
확대(Zoom In)	휠 버튼을 앞으로 스크롤합니다.
축소(Zoom Out)	휠 버튼을 뒤로 스크롤합니다.
초점이동	마우스 가운데 버튼을 누른 채 마우스를 이동합니다.
궤도	Shift 키와 마우스 가운데 버튼을 누른 채 마우스 움직입니다.
피벗 점 변경	Shift+Ctrl+마우스 가운데 버튼을 누른 채 모형에서 피벗 점을 이동합니다.

 실습: 나비스웍스 실습하기

여기에서는 PLANT 3D 모델 파일 열기, 거리 측정하기, Navisworks 게시(Publish)하여 NWD 파일 만들기, 기본 모델 탐색하기, 관측점 저장하기, 객체 선택과 특성보기를 실습합니다.

Plant 3D 모델 파일 열기

1. 'File Handling. zip' 압축파일을 풀어서 C:\ Plant Design\File Handling 폴더에 저장합니다. 5개의 모델 파일을 확인합니다.

- Equipment.dwg

- Piping.dwg

- Piping_002.dwg

- Str_rack.dwg

- Structures.dwg

2. Navisworks Manage 2022를 실행합니다.

3. Navisworks 파일 열기를 통해 Equipment.dwg를 엽니다.

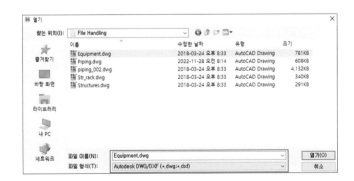

거리 측정하기

1. '검토 → 측정 → 측정 → 점 간'을 실행합니다.

2. 다음 그림과 같이 ❶과 ❷를 클릭하여 거리를 측정합니다.

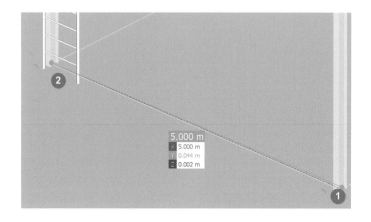

3. 단위를 변경하여 측정 거리의 단위 변화를
확인합니다.

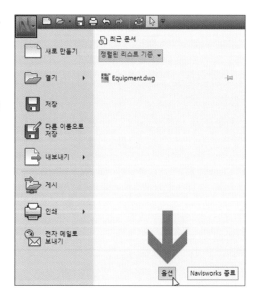

- 좌측 상단의 Navisworks 아이콘을 클릭하고 옵
션을 클릭합니다.

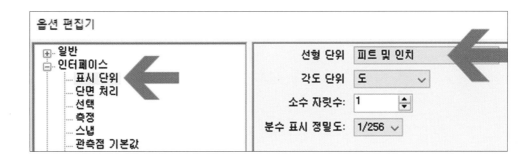

- 옵션 편집기에서 인터페이스의 '+'를 클릭하여 확장한 후, 표시 단위를 클릭합니다. 선형 단위에서 '피트 및 인치'를 선택 후, OK를 클릭합니다.
- 길이가 피트와 인치로 표시됩니다.
- 현재 모델을 닫기 위해, Navisworks → 새로 만들기를 클릭합니다.

나비스웍스 게시(Publish)하여 nwd 파일 만들기

1. 다음과 같이 DWG를 추가하고, nwd 파일로 저장합니다.

- 빠른 액세스 도구에서 추가 명령을 클릭합니다.
- 'File Handling' 폴더에서 Piping.dwg를 선택하고, '열기'를 클릭합니다.

2. 파일이 열리면 관측점 → 렌더스타일 → 조명 → 라이트 없음을 선택합니다.

3. Navisworks → 게시를 클릭합니다.

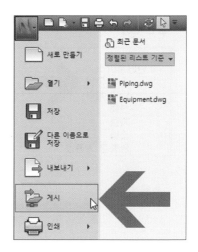

4. 게시 대화상자에서 제목은 Plant 3D, 작성자는 자신의 이름을 입력하고 OK를 클릭합니다.

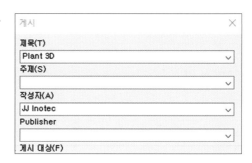

5. '다른 이름으로 저장' 대화상자에서 Plant3D를 입력하고 저장을 클릭합니다. 게시 명령어는 nwd 파일로 저장합니다.

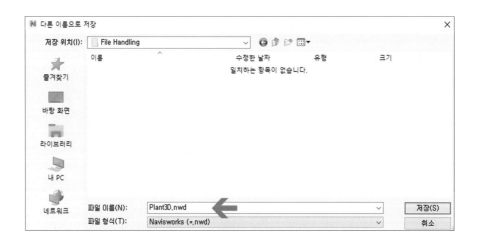

6. 파일 탐색기를 열어 'File Handling' 폴더에 Plant3D.nwd가 생성되었는지 확인합니다.

기본 모델 탐색하기

1. 'File Handling' 폴더에서 Plant3D.nwd 파일을 엽니다.

2. 다음과 같이 뷰 설정을 변경하면서 차이점을 확인합니다.

- 관측점 → 렌더스타일 → 조명 → 전체 라이트를 선택합니다.
- 관측점 → 렌더스타일 → 조명 → 장면 라이트를 선택합니다.
- 관측점 → 렌더스타일 → 조명 → 헤드 라이트를 선택합니다.
- 관측점 → 렌더스타일 → 조명 → 라이트 없음을 선택합니다.
- 관측점 → 카메라 → 투시를 선택합니다.

- 뷰큐브를 이용하여 북동쪽(Northeast)을 클릭합니다.

- 관측점이 변경됩니다.

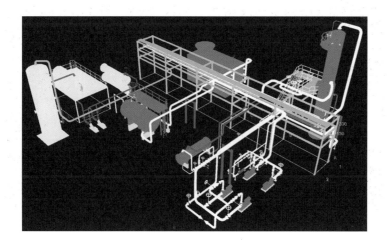

■ 뷰큐브를 이용하여 Top을 클릭합니다.

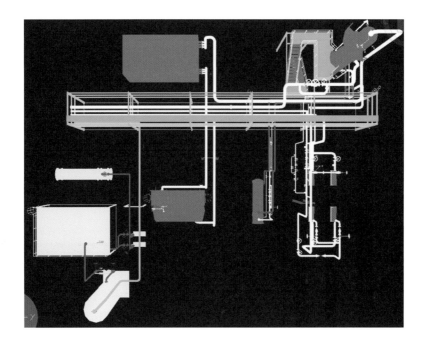

■ 관측점 → 카메라 → 투시 → 직교를 클릭합니다.

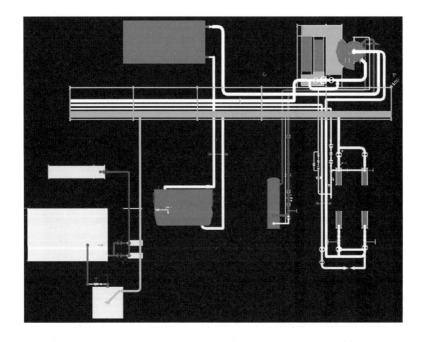

■ 뷰큐브를 이용하여 Home을 클릭합니다.

관측점 저장하기

1. 뷰큐브에서 남서쪽(Southwest)을 클릭합니다.

2. 관측점 → 저장, 로드 및 재생 → 관측점 저장을 클릭합니다.

3. 저장된 관측점 창에서 Southwest를 입력하고 Enter 키를 누릅니다.

4. 뷰큐브에서 북서쪽(Northwest)을 클릭합니다.

5. 관측점 → 저장, 로드 및 재생 → 관측점 저장을 클릭합니다.

6. 저장된 관측점 창에서 Northwest를 입력하고 Enter 키를 누릅니다.

7. 뷰큐브와 마우스 휠을 이용하여 다음과 비슷한 뷰로 조정해봅니다.

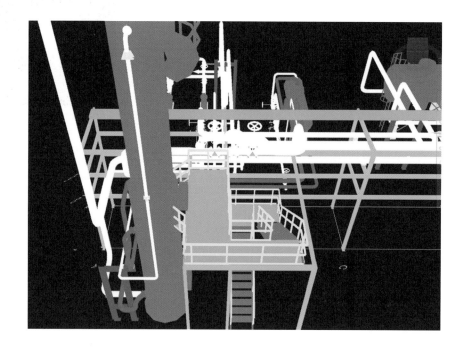

8. 관측점 → 저장, 로드 및 재생 → 관측점 저장을 클릭합니다.

9. 저장된 관측점 창에서 Platform을 입력하고
Enter 키를 누릅니다.

10. 저장된 관측점에서 저장된 관측점을 차례로 클릭해봅니다. 모델의 방향이 관측점에 따라
변경되는 것을 확인합니다.

객체 선택과 특성보기

1. 홈 → 선택 및 검색 → 선택 트리를 선택하여 선택 트리창을 엽니다.

2. Southwest 관측점으로 변경 후, 선택 트리 창에서 Plant3D.nwd 앞의 '+'를 클릭합니다.

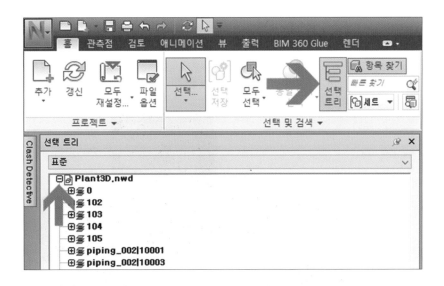

3. 선택 트리창에서 0을 선택합니다. 선택된 항목을 모델영역에서 확인합니다.

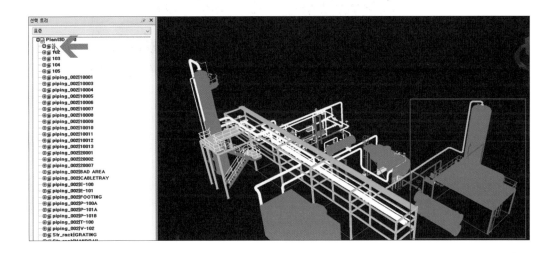

4. 선택 트리창에서 piping_002|T-100을 선택합니다. 선택된 항목을 모델영역에서 확인합니다.

5. 선택 트리창에서 piping_002|V-102를 선택합니다. 선택된 항목을 모델영역에서 확인합니다.

6. 관측점 → 탐색 → 줌 창 → 선택 항목 줌을 클릭합니다. V-102를 줌인하여 보어줍니다.

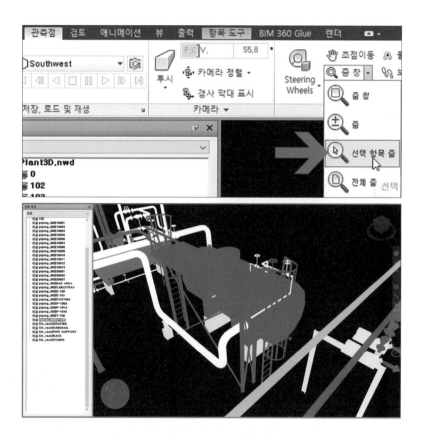

7. 관측점 → 렌더스타일 → 조명 → 전체 라이트로 변경합니다.

8. 관측점 → 렌더스타일 → 모드 → 음영 처리로 변경합니다.

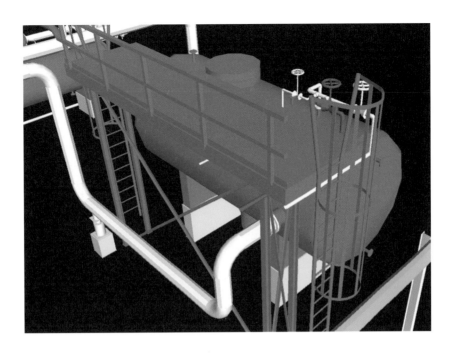

9. 그림과 같이 배관라인을 클릭하여 선택하면, 특성 창의 AutoCAD 탭에 자세한 정보가 나옵니다.

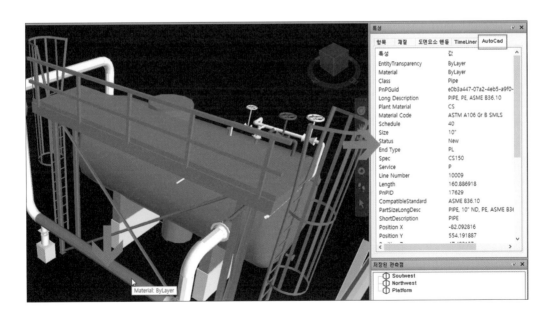

10. 기본적인 마우스 휠 및 가운데 버튼 조작 방법은 다음과 같습니다.

작업	수행 방법
확대	휠 버튼을 앞으로 스크롤합니다.
축소	휠 버튼을 뒤로 스크롤합니다.
초점이동	마우스 가운데 버튼을 누른 채 마우스를 이동하여 초점을 이동합니다.
궤도	Shift 키와 마우스 가운데 버튼을 누른 채 마우스를 이동하여 현재 정의한 피벗 점에 대해 궤도 이동합니다. 2D 작업공간에서는 이 기능을 사용할 수 없습니다.
피벗 점 변경	Shift 키 및 Ctrl 키와 마우스 가운데 버튼을 누른 채 모형에서 피벗 점으로 사용할 점으로 끕니다. 2D 작업공간에서는 이 기능을 사용할 수 없습니다.

☑ TIP

아래의 유튜브 동영상을 보고 연습하면 누구나 쉽게 기본 기능을 사용할 수 있습니다.

· Navisworks 아주 초보 기능 쉽게 따라 하면서 배우기
  https://youtu.be/G3B-84xx78Q

부록 2
프로젝트 실습을 위한 정보

실습 프로젝트 다운로드 받기

- 실습을 효과적으로 연습하기 위해서 Exercise 프로젝트가 필요합니다.
- 각 과의 실습 프로젝트는 네이버 Plant 3D 카페에서 다운로드하시기 바랍니다.
- 실습하는 동안 질문이나 의견은 카페에서 해당 게시글의 댓글을 이용하십시오.

1. Plant 3D 카페에 가입합니다. (http://bit.ly/plant3dcafe)

2. 카페 가입 후, '2023 교재_등업게시판'에 구매 인증 글을 작성합니다.

3. 열심멤버로 등업이 되면 '2023교재_실습프로젝트' 게시판에서 각 과에 해당하는 실습 프로젝트를 다운로드해서 실습을 효과적으로 수행할 수 있습니다.

4. 실습 프로젝트는 'C:₩Plant Design₩ 폴더'를 생성하여 이 폴더의 하위 폴더에 압축을 풀어서 실습 프로젝트를 사용합니다. 개인 사정에 따라서 별도의 폴더를 사용해도 됩니다.

프로젝트 실습 동영상 보기

- 실습하는 방법을 유튜브에서 시청할 수 있습니다.
- Plant 3D 유튜브 교재 Exercise 동영상 보기

  http://bit.ly/P3DEx

AutoCAD Plant 3D 와 AutoCAD P&ID 온라인 교육

- AutoCAD Plant 3D 전문가되기 기초과정(환급/비환급 과정 - P&ID, 3D 기초 과정)

  http://bit.ly/p3dtraining

- AutoCAD Plant 3D 전문가되기 심화과정(비환급과정 - Admin 과정)

  http://bit.ly/p3dadvance

온라인 교육 관련 자세한 문의는 올윈에듀(http://www.allwinedu.net/) 고객센터에 문의하시기 바랍니다.

- 고객센터 1688-2447

- email: admin@allwinedu.com

Orthogen for Plant 3D / Orthogen for Revit
– 2D 플랜 도면 자동 치수 및 기입

3D 모델에서 2D 도면의 치수(Dimension)와 주석(Annotation)을 자동으로 생성해주는 프로그램입니다. AutoCAD Plant 3D, Autodesk Revit, Hexagon CADWorx, Smart3D에 모두 적용할 수 있습니다.

- 유튜브동영상 데모

    https://youtu.be/_sKQcWmENls

eZOrtho – 2D 플랜 도면 자동 치수 및 기입

3D 모델에서 2D 도면의 치수(Dimension)와 주석(Annotation)을 자동으로 생성해주는 프로그램입니다. AutoCAD Plant 3D, Hexagon CADWorx, Smart3D, Aveva PDMS(E3D)에 적용할 수 있습니다.

- 유튜브동영상 데모

    https://youtu.be/WCjNhY5OoTQ

ELECDES
– Plant 3D와 함께 전계장(Electrical & Instument) 설계 협업

- 계장설계 - Loops, Datasheets, Hookups, Wiring Diagrams
- 전기설계 - 2D circuit diagrams; Schematic, one line and wiring diagrams, 2D Panel Layouts; Cable Scheduler; reports and database links
- 3D 판넬과 트레이 모델링 - 3D Physical Plant electrical and raceway layouts; automatic cable routing; length and fill calculations, power segregation, NEC rules

■ 유튜브 동영상 데모

https://youtu.be/FaBOLBnJKlA

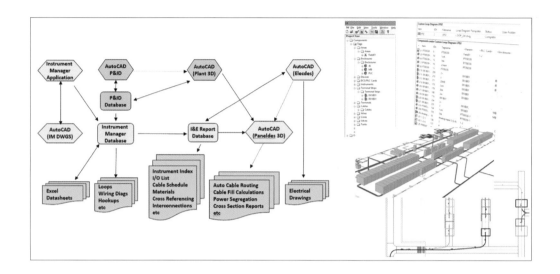

플랜트 설계용
AutoCAD P&ID
Plant 3D 입문 실습

초판 1쇄 발행 2020년 05월 15일
개정판 1쇄 발행 2023년 02월 24일

지은이 이진호
펴낸이 류태연

편집 배태두 | **표지디자인** 홍선우_IND | **본문디자인** 조연수

펴낸곳 렛츠북
주소 서울시 마포구 양화로11길 42, 3층(서교동)
등록 2015년 05월 15일 제2018-000065호
전화 070-4786-4823 | **팩스** 070-7610-2823
홈페이지 http://www.letsbook21.co.kr | **이메일** letsbook2@naver.com
블로그 https://blog.naver.com/letsbook2 | **인스타그램** @letsbook2

ISBN 979-11-6054-606-4 (13000)